中华精神家园

自然遗产

地理恩赐

地质蕴含之美与价值

肖东发 主编 台运真 编著

中国出版集团

现代出版社

图书在版编目（CIP）数据

地理恩赐：地质蕴含之美与价值 / 台运真编著. —
北京：现代出版社，2014.5（2019.1重印）
ISBN 978-7-5143-2349-8

Ⅰ. ①地… Ⅱ. ①台… Ⅲ. ①地理－概况－中国
Ⅳ. ①K92

中国版本图书馆CIP数据核字(2014)第056969号

地理恩赐：地质蕴含之美与价值

主　　编：肖东发
作　　者：台运真
责任编辑：王敬一
出版发行：现代出版社
通信地址：北京市定安门外安华里504号
邮政编码：100011
电　　话：010-64267325　64245264（传真）
网　　址：www.1980xd.com
电子邮箱：xiandai@cnpitc.com.cn
印　　刷：三河市华晨印务有限公司
开　　本：710mm×1000mm　1/16
印　　张：9
版　　次：2015年4月第1版　2021年3月第4次印刷
书　　号：ISBN 978-7-5143-2349-8
定　　价：29.80元

党的十八大报告指出："文化是民族的血脉，是人民的精神家园。全面建成小康社会，实现中华民族伟大复兴，必须推动社会主义文化大发展大繁荣，兴起社会主义文化建设新高潮，提高国家文化软实力，发挥文化引领风尚、教育人民、服务社会、推动发展的作用。"

我国经过改革开放的历程，推进了民族振兴、国家富强、人民幸福的中国梦，推进了伟大复兴的历史进程。文化是立国之根，实现中国梦也是我国文化实现伟大复兴的过程，并最终体现为文化的发展繁荣。习近平指出，博大精深的中国优秀传统文化是我们在世界文化激荡中站稳脚跟的根基。中华文化源远流长，积淀着中华民族最深层的精神追求，代表着中华民族独特的精神标识，为中华民族生生不息、发展壮大提供了丰厚滋养。我们要认识中华文化的独特创造、价值理念、鲜明特色，增强文化自信和价值自信。

如今，我们正处在改革开放攻坚和经济发展的转型时期，面对世界各国形形色色的文化现象，面对各种眼花缭乱的现代传媒，我们要坚持文化自信，古为今用、洋为中用、推陈出新，有鉴别地加以对待，有扬弃地予以继承，传承和升华中华优秀传统文化，发展中国特色社会主义文化，增强国家文化软实力。

浩浩历史长河，熊熊文明薪火，中华文化源远流长，滚滚黄河、滔滔长江，是最直接的源头，这两大文化浪涛经过千百年冲刷洗礼和不断交流、融合以及沉淀，最终形成了求同存异、兼收并蓄的辉煌灿烂的中华文明，也是世界上唯一绵延不绝而从没中断的古老文化，并始终充满了生机与活力。

中华文化曾是东方文化摇篮，也是推动世界文明不断前行的动力之一。早在500年前，中华文化的四大发明催生了欧洲文艺复兴运动和地理大发现。中国四大发明先后传到西方，对于促进西方工业社会的形成和发展，曾起到了重要作用。

中华文化的力量，已经深深熔铸到我们的生命力、创造力和凝聚力中，是我们民族的基因。中华民族的精神，也已深深植根于绵延数千年的优秀文化传统之中，是我们的精神家园。

总之，中华文化博大精深，是中国各族人民五千年来创造、传承下来的物质文明和精神文明的总和，其内容包罗万象，浩若星汉，具有很强的文化纵深，蕴含丰富宝藏。我们要实现中华文化伟大复兴，首先要站在传统文化前沿，薪火相传，一脉相承，弘扬和发展五千年来优秀的、光明的、先进的、科学的、文明的和自豪的文化现象，融合古今中外一切文化精华，构建具有中国特色的现代民族文化，向世界和未来展示中华民族的文化力量、文化价值、文化形态与文化风采。

为此，在有关专家指导下，我们收集整理了大量古今资料和最新研究成果，特别编撰了本套大型书系。主要包括独具特色的语言文字、浩如烟海的文化典籍、名扬世界的科技工艺、异彩纷呈的文学艺术、充满智慧的中国哲学、完备而深刻的伦理道德、古风古韵的建筑遗存、深具内涵的自然名胜、悠久传承的历史文明，还有各具特色又相互交融的地域文化和民族文化等，充分显示了中华民族的厚重文化底蕴和强大民族凝聚力，具有极强的系统性、广博性和规模性。

本套书系的特点是全景展现，纵横捭阖，内容采取讲故事的方式进行叙述，语言通俗，明白晓畅，图文并茂，形象直观，古风古韵，格调高雅，具有很强的可读性、欣赏性、知识性和延伸性，能够让广大读者全面接触和感受中国文化的丰富内涵，增强中华儿女民族自尊心和文化自豪感，并能很好继承和弘扬中国文化，创造未来中国特色的先进民族文化。

2014年4月18日

岩溶之美——南方喀斯特

红色沃土——丹霞组合

大地之柱——土林奇观

地球之肾——湿地特色

南方喀斯特

我国南方喀斯特，由云南石林、贵州荔波、重庆武隆等地区共同组成。喀斯特就是岩溶地貌，是发育在以石灰岩和白云岩为主的碳酸盐岩上的地貌。

我国喀斯特具有面积大、地貌多样、典型、生物生态丰富等特点，具有独特的地理特色，如云南石林以雄、奇、险、秀、幽、奥、旷著称，被称为"世界喀斯特的精华"。贵州荔波是贵州高原和广西盆地过渡地带的锥状喀斯特，被认为是"中国南方喀斯特"的典型代表。

云南石林的喀斯特精华

在2.7亿多年前，云南的昆明地区还是一片宽广的海洋，这里阳光充足，温度适宜，海水中生活着大量的贝壳类和珊瑚类生物。各种生物遗体或遗迹埋藏于沉积物中，石化之后便形成了化石。

在海水的压力作用下，化石和其他碎屑形成了石灰岩。石灰岩是以方解石为主要成分的碳酸盐岩，容易被水溶解，尤其是在水体中富含二氧化碳时，因此石灰岩又被称为可溶性岩。

又过了1亿年，地壳运动使这片地区脱离了海洋环境，上升成为了

路南石林古湖

■ 云南石林景观

陆地，并爆发了大规模的火山活动，滚滚岩浆从地下深处沿断裂层喷溢而出。

炽热的岩浆流进这片区域，使早期形成的石芽、石柱被烘烤和掩埋。这些来自水中的岩石经受了地狱之火的考验，岩浆冷却后成为玄武岩，厚度达到了400多米。

在之后的近2亿年间，这片地区一直处于被玄武岩覆盖和缓慢的抬升状态。由于剥蚀作用，玄武岩盖层变得越来越薄。石灰岩和早期的石林重新露出地表，并开始新一轮的发育，这一轮发育持续了1000多万年。

到了5000多万年前的始新世时期，在早期喜马拉雅造山运动的影响下，这片地区掀斜抬升，形成了一个大型的内陆湖泊，称为"路南古湖"。

地表水不断从湖周向古湖汇集，同时将剥蚀下来的物质带入湖中，在湖底形成了厚厚的碎屑沉积，因

珊瑚 是珊瑚纲中多类生物的统称，珊瑚是珊瑚虫死后留下的骨骼。珊瑚虫的身体呈圆筒状，有8个以上的触手，触手中央有口，喜欢结合成一个群体，形状像树枝，骨骼叫珊瑚。在我国，白珊瑚石象征着吉祥富贵，福寿连绵。

始新世 指的是现代哺乳动物群开始出现的时期。在始新世时期，各大洲继续漂移，印度次大陆开始漂离非洲大陆，并撞击亚洲大陆，逐渐隆起而形成了喜马拉雅山脉。

■ 石林奇观

青藏高原 是我国最大的、世界上海拔最高的高原。整个青藏高原总面积近300万平方千米，平均海拔4千米至5千米，有"世界屋脊"和"第三极"之称，它也是亚洲许多大河的发源地。同时，青藏高原也是地球年代最新、并仍在隆升的一个高原。

颜色呈红色，所以又称红层沉积。到2300万年前的渐新世末期，由于地壳抬升，古湖中心南移，湖水面积也逐渐缩小，最后在南部大叠水一带出现了悬崖，湖水泄出，古湖消亡。

在此期间，随着青藏高原的隆起，这片地区也处在持续的抬升过程中，那么就使水具有了较大的向下侵蚀的能力。随着侵蚀面积的加大和不匀均状况，逐渐就发育成了后来垂向立体的石林景观。

在地壳抬升的过程中，岩石不断受到力的挤压，在垂直方向上便产生了两组以上的裂隙，在平面上形成了网格状，然后水和生物沿这些裂缝向下溶蚀岩石。随着裂缝的加深加宽，一个个石柱分离出来，再经构造抬升，石柱露出地表，组合在一起就形成了石林。

在近3亿年的地质历史时期中，石林地貌的发育经历了新老交替，老的石林逐渐消失，新的石林不断形成。后来地质科学便将它命名为喀斯特岩溶地貌，并说这是3亿年地质变迁与风雨剥蚀留下的足迹。

云南石林喀斯特地质地貌奇观分布范围广袤，气势恢弘，类型多样，构景丰富，具有极高的美学价值。在云南石林，有雄奇的峰林、湖泊、瀑布、溶洞。天造奇观，美不胜收。

形态奇特的剑状、蘑菇状、塔状、柱状、城堡状、石芽、原野等，拟人似物，栩栩如生的石林，或隐于洼地，或漫布盆地、山坡、旷野，或奇悬幽险，亭亭玉立，集中体现了世界能给予人类的最大惊奇。

石林的魅力，在于永远看不透，永远难以用言语表达清楚。置身石林，宛如进入石峰石柱的海洋。举目四望，比比皆是美妙造型，稍换角度，景象又迥然不同，变化多端，让人目不暇接。

沿石缝间的曲折小径，忽而可达峰顶望远，忽而可至深谷探幽。但见嶙峋的奇峰怪石与奇花异草相映成趣，既有雄奇阳刚之美，又有阴柔妩媚之幽。

石林的石峰石柱，形态奇特，有的甚至状人拟物，惟妙惟肖。有的好似撒尼族人传说中的美丽少女阿诗玛，头戴包头，身负背篓，亭亭玉立，翘首远

溶洞 是石灰岩地区地下水长期溶蚀的结果，由于石灰岩层各部分含石灰质多少不同，被侵蚀的程度不同，就逐渐被溶解分割成互不相依、千姿百态、陡峭秀丽的山峰和奇异景观的溶洞。我国是个多溶洞的国家，尤以广西境内的溶洞最富盛名，洞内上悬溶锤，极为美丽。

岩溶之美

南方喀斯特

■ 云南石林景观

泼墨 国画的一种画法，用笔蘸墨汁大片地洒在纸上或绢上，画出物体形象，像把墨汁泼上去一样。作画时，墨如泼出，画面气势奔放。在干笔淡墨之中，镶上几块墨气淋漓的泼墨，可使画幅神气饱满，画面不平有层次，增强干湿对比的节奏感。

望；有的如"母子偕游"，一位雍容华贵的妇女携子漫步；有的好似"象踞石台"，一头凝固的大象立于石峰之上；有的像"千钧一发"，一块嶙峋巨石被两根壁立石柱撑在半空，看似随时要下落，经过其下，无不胆战心惊。石林奇石，无不形神兼备，栩栩如生，令人产生无尽的遐思。

不仅高大的石柱形态多样，石柱表面上的各种溶蚀纹理，也十分奇妙。大大小小的沟纹如精美雕刻装点石柱表面，有的齐整密集，细腻平滑，如刀削斧劈。有的粗糙散乱，凸凹不平，粗看杂乱无章，细看却排列有致，似象形文字，又似天然浮雕。

石林的石峰石柱，还会随天气的变化而改变颜色。阵雨之时，灰白色的石林须臾之间竟成了浓黑色，凝重端庄，宛如一幅泼墨山水画。雨过天晴，数十分钟内，无数石峰又魔幻般由黑色变成了斑驳的杂色，最后又变成灰白色，还其本来面目，让人惊叹。

■ 俯瞰路南石林

在我国的古典园林中，石景是重要的组成部分。风景园林是浓郁的自然景观，因而其最高界就是逼近自然。长久以来，石林景观的自然和谐与美妙形态，给园林艺术以深刻的影响。

许多石景建造的原则，如"立峰"的造型标准为"疲、漏、透、皱""卧石"的标准要如出土的石芽等，都是石林景观的写照。

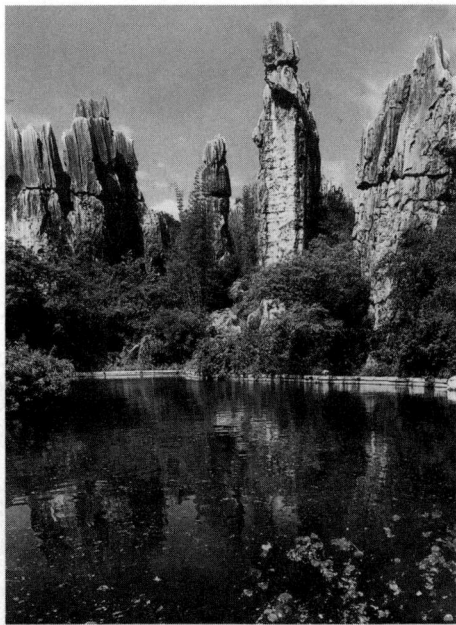

■ 路南石林景区内的湖泊

石林之美，并不仅仅限于奇峰异石，而且还体现在石林与其他地貌和不同背景多种组合所呈现出来的整体美。成片的石林或突兀于广阔原野，或残留山脊，或藏于林间，或立于湖泊，在红土大地上，映衬着蓝天白云，如诗如画。

同一座石峰，同一处场景，不同的季节，不同的天气，甚至一天里的不同时间去看，都会是不同的景象，美轮美奂。

芝云洞位于一座石灰岩的大石山中，据史料记载，芝云洞因洞口石似芝与云而得名。传说，洞内有仙人居住，故被称为"石洞仙踪"。

芝云洞磅礴空敞，可容千人，四壁乳窟，声之有声，击之有声，怪石不可名状。大芝云洞洞长400米，宽3米至15米，高5米至30米，呈"丫"形，两段

仙人 我国本土的一种信仰，也就是神仙，仙人在我国信仰中有近20000年的历史，甚至更久远。仙人信仰在道教产生之前就有了，后来被道教吸收，又被道教划分出了神仙、金仙、天仙、地仙、人仙等几个等级。

■ 中国云南石林景区

鼓 一种打击乐器，在远古时期，鼓被尊奉为通天的神器，主要是作为祭祀的器具。在狩猎征战活动中，鼓都被广泛地应用。鼓作为乐器是从周代开始，周代有八音，鼓是群音的首领。鼓的文化内涵博大精深，雄壮的鼓声紧紧伴随着人类从远古的蛮荒一步步走向文明。

洞由一低矮狭窄的洞门连为一体。进入洞中仿佛进入一葫芦的肚中，更显空阔。

洞内的钟乳石，玲珑剔透，奇形怪状，神工鬼斧。有的像金积玉，有的像飞禽走兽，有的像天宫仙人，移步换景，眼花缭乱。洞内的石称、石田、石浪很是奇特，仿佛可以直接在里面种田、游泳、下棋、睡觉似的。

四壁上的钟乳洞穴，轻轻敲击，就会发出惊耳的钟鼓声，久久回响。穹顶悬吊的钟乳石上挂着颗颗水珠，在彩烟下似星斗般璀璨夺目。

洞的顶端，有一个离地面30余米的盲洞，俗称"通天洞"，里面的巨大钟乳恐龙，形状活现，凶神恶煞。这些天然雕饰的景物，把地下洞装饰得犹如仙境。有诗赞道：

日永寻芳古洞间，清幽逼我红尘删。

浪痕斜涌翻苔径，岩窟横穿老石关。

铸就棋枰谁先弈，铺成床第几人困？

看来往事多奇迹，剩得芝云仙气围。

洞中央的石台上，立有一通明代万历年间的石碑，内容为叙述溶洞的盛景。

从洞口至洞尾，共有20多个由石钟乳组成的精美造型，有灵芝仙草、玉象撑天、倒挂金鸡、葡萄满园、云中坐佛、钻山骆驼、双狮恋、悟空取宝、东西龙宫、蛟龙升腾、千年玉树、太白金星、神牛寻母、水帘洞、龙虎斗、寿星摘桃、水漫金山寺等。

祭白龙洞距离芝云洞2千米，全长约450米，高约

石碑 把功绩刻写在石头上，以便能够留传后世的一种竖型石刻，一般作为纪念物和标记，文字是石碑的主要部分。石碑上有螭首，下有龟趺，意在垂之久远。

■ 云南石林世界地质公园

石笋 在溶洞中直立在洞底的尖锥体。饱含着碳酸钙的水通过洞顶的裂隙或从钟乳石上滴至洞底。一方面由于水分蒸发，另一方面，由于在洞穴里有时温度较高，水溶解二氧化碳的量减小，所以，钙质析出，沉积在洞底。日积月累就会生长，自下向上生长的是石笋，从上往下生长的是石钟乳。

■路南石林景观

10米，宽不到10米。洞内除常见的石笋、石柱、石钟乳外，还有石花、卷曲石、方解石晶体、鹅卵石、石井等，形态奇美。

与其他溶洞特点不同的是，祭白龙洞溶石光滑透明，亮如水晶，洁白纯净，在灯光映照下，美不胜收。在这样的小洞中有如此玲珑奇巧的碳酸钙沉淀，真是世所罕见。

奇风洞是云南石林众多溶洞中最为奇特的一个，它不以钟乳石的怪异出名，而是因其会像人一样呼吸而闻名，被称为"会呼吸的洞"。

每年雨季，大地吸收了大量的雨水，干涸的小河再次响起淙淙的流水声时，奇风洞也开始吹风吸风，发出"呼""吓"的喘息声，像一头疲倦的老牛在喘粗气。要是故意用泥巴封住洞口，它也会毫不费力地把泥巴吹开，照样自由自在地呼吸。

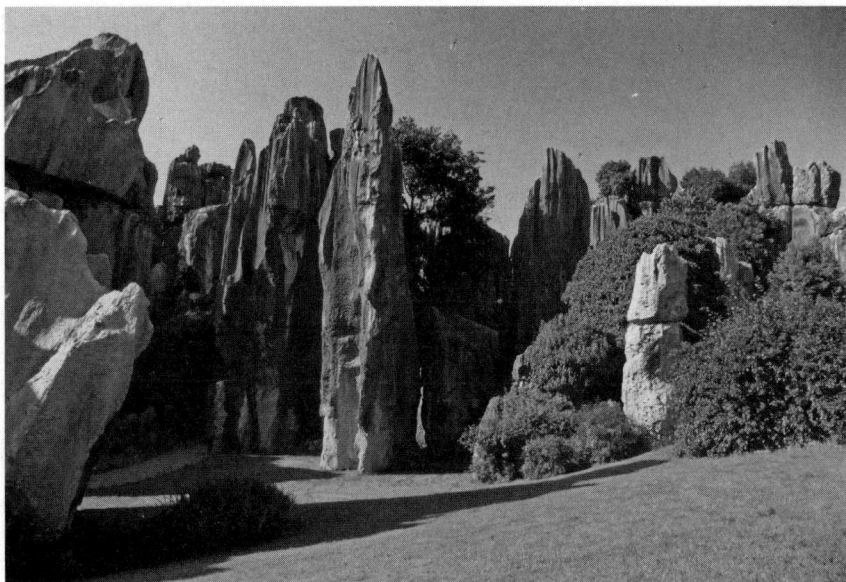
■云南石林景观

奇风洞吹风时，安静的大地突然间就会尘土飞扬，长声呼啸，并伴有隆隆的流水声，似乎洞中随时都可能涌现出洪水巨流，定眼窥视，却不见一滴水。风量大时，有置身于狂风之中，暴雨即将来临之感。

曾经有人就地扯了些干草柴枝放在洞前点燃，只见洞中吹出的风把火苗浓烟吹得冲天而飞，足有3米之高。持续2分钟后火势渐弱，暂停10多分钟后，洞口火苗发出的浓烟突然又被吞进洞中，这样一吹一吸，循环往复，好似一个高明的魔术师在玩七窍喷火的把戏。

云南石林喀斯特，无论是在类型分布的多样性、溶岩发育的独特性、地质演化的复杂性、岩石机理的美学性，还是观赏的通达性以及代表性和唯一性等方面，都名列前茅。尤其石林有部分区域是石灰岩与玄武岩交叠覆盖，演化成的地质地貌，更是世界罕见。

七窍 我国中医认为，人体部位有七窍，为头面部的7个孔窍，即为两个眼、两个鼻孔、两个耳朵和嘴巴。中医还认为，五脏的精气分别通达于七窍，五脏有病，往往从七窍的变化中反映出来。

云南石林景观

地理恩赐

地质蕴含之美与价值

石林地区还有大量的古脊椎动物化石，是我国古脊椎动物化石的重点保护区域，同时还是云南80万年前旧石器和新石器遗迹遗址最为丰富的一个地区。

其中的李子园箐的石林崖画、石刻，反映着少数民族古老的祭祀烟火及舞蹈、狩猎、战斗等场面。

步哨山位于大石林之东，小石林之南，以环林东路为界，呈南向北带状展布，地貌上属大石林溶蚀洼地东部斜坡平台。

步哨山山顶海拔约1.8千米，高出大石林望峰亭近50米，是石林海拔最高的地方。登高远望，林海松涛，柱石参差。漫步山间，石林卓越，剑峰罗列。

这里多柱状石林，有"步哨五石门""步哨松涛"等独特景观。有巨型腹足类化石、珊瑚化石等海洋生物化石，记录着2.7亿年前石林地区生机勃勃的海底世界。

路南石林景观

■云南昆明石林

石林既是自然的风景，也是人文的风景，与石林相伴的少数民族的生活风情，不仅创造了丰富的历史文化，还创造了多姿多彩的民间文化艺术。

其独特的语言文字、内涵丰富的诗文传说、斑斓绚丽的民族服饰、火热豪放的民族歌舞、古朴粗犷的摔跤竞技、风格奇特的婚丧嫁娶，无不体现出古老民族的文化韵味和地域特征。

阅读链接

在云南石林，还有一处奇特的存在，那就是黑松岩，那里石质黝黑古朴，气势磅礴，有如大海怒涛冲天而起。

黑松岩地区地下处处有溶洞，已经探明的大小溶洞就有9个。用"峰上望、林中游、地下钻"来形容黑松岩景区的特点，十分贴切。

进入黑松岩必须从白云湖畔通过，白云湖平躺在黑松岩的脚下，像一面明镜吞纳了四周的飞鸟花卉。云湖水无浪无喧，也不藏深邃，远看云贵，破土而出且富有艺术感的盘石，疏朗有致地分布在草原上，闲花漫笔似的点缀，这一景致活像一幅巨大的油画。

湖中有两岛，一为"红云岛"，一为"白云岛"，泛舟湖上，犹如仙境。黑松岩与云湖一山一水，一黑一白，对比鲜明，秀媚与雄奇浑然一体，使黑松岩更显得完美无缺。

贵州荔波的石上森林

贵州荔波喀斯特位于贵州东南部的荔波，是贵州高原和广西盆地过渡地带锥状喀斯特的典型代表，被认为是"中国南方喀斯特"的典型代表。

荔波喀斯特最醒目的就是锥状喀斯特，最典型的类型是峰丛喀斯特和峰林喀斯特。峰丛景观与峰林景观呈有序排列，展示了相互地貌的演化与嬗变。

■贵州荔波景观

荔波喀斯特具有特殊的喀斯特森林生态系统与显著的生物多样性，包含了众多特有的和濒危的动植物以及栖息地，代表了大陆型热带、亚热带锥状喀斯特的地质演化和生物生态过程，是研究裸露型锥状喀斯特发育区喀斯特森林植被的自然"本底"及森林生态系统结构、功能、平衡的理想地和天然试验场所。

在荔波的茂兰，保存着世界面积最大的喀斯特原始森林。茂兰位于荔波县的东南部，是我国中亚热带喀斯特地貌上原生性森林植被保存较完好的一块宝地，总面积130多平方千米，森林覆盖面积率达91%。

■ 贵州荔波喀斯特地貌

茂兰喀斯特森林作为一处珍贵的风景资源，超脱了喀斯特风景的固定程式，改变了喀斯特荒芜的情调，把千姿百态的山光水景、地下溶洞与碧绿的森林景色糅合在一起，呈现出一幅完美的自然景色。

由于地理位置特殊，气候温暖湿润，以及喀斯特地质地貌影响，形成了丰富多样的小生境，既有岩石裸露、气候变化大的石芽、崩塌的大石块干旱生境，也有土层相对深厚、营养元素丰富、有机质含量较高的气候变幅境，也有直射光难以到达的小的石沟、石缝湿润肥沃生境，还有阳光充足的明亮生阴暗生境。

生物多样性 在一定时间和一定地区所有生物物种及其遗传变异和生态系统的复杂性总称。它包括基因多样性、物种多样性和生态系统多样性3个层次，既体现了生物之间及环境之间的复杂关系，又体现了生物资源的丰富性。

■ 荔波小七孔景致

掌叶木 我国特有的树种，是残遗于我国的稀有单种属植物之一，仅分布在广西与贵州接壤的石灰岩地区。因人为破坏、生境特殊及自身特性的影响，资源稀少，被列为国家重点保护植物。掌叶木种子含油量很高，油清澈，有香味，可以食用，也可作工业用油。

　　小生境的多样性导致了植物群落物种丰富及生态系统结构复杂，在区系成分上，动植物处于过渡交错地带，因而资源非常丰富。

　　这里生长乔木树种达500多种，有被称为活化石的银杏、鹅掌楸等多种珍稀树种，还有我国独有的掌叶木、射毛悬竹和席竹等。它们共生在一起，组成了奇异的天然复层混交林。

　　这片茂密的原始森林，也为林麝、猕猴、香獐、华南虎、野牛、熊、豹、白猴等许多古老的野生动物，以及各种两栖爬行类、昆虫类生物提供了良好的栖息场所。

　　茂兰独特的地理环境及其上覆盖的喀斯特森林，造就了其独特的风景景观。根据其景观特色，分为森林地貌景观、水文景观及洞穴景观三大类型。

　　茂兰喀斯特森林是我国罕见的中亚热带喀斯特

原生性较强的残存森林。该区由森林和喀斯特地貌组合形成的生态系统，不仅为科学研究提供了鲜活的资料，而且给人以美的享受。

不同的喀斯特地貌形态及地貌类型，与浓郁的森林覆盖相搭配，形成了艳丽多姿的喀斯特森林地貌景观。可分为漏斗森林、洼地森林、谷地森林及槽谷森林四大景观。

漏斗森林为森林密集覆盖的喀斯特峰丛漏斗，状若深邃的巨大绿色窝穴。漏斗底至锥峰顶一般高差150米至300米，人迹罕至，万物都保持着原始自然的特色。各种各样的树木根系窜于喀斯特裂隙之中，奇形怪状的藤萝攀附着林冠和平共处峭壁之上，枝叶繁茂，浓荫蔽日，形成了神秘而恬静的漏斗森林景色。

洼地森林为森林广泛覆盖的喀斯特锥峰洼地，常有农田房舍分布其间。田园镶嵌在绿色峰丛之间，喀

中亚热带 是我国亚热带中最宽的一个地带，位于我国中部偏南，本带所处的纬度较低，又面临东海、印度洋，受海洋强烈影响，具有明显的海洋性暖湿气候特点。各地的年降水量普遍丰富，大多为1000毫米至1500毫米。年均温多在16摄氏度至20摄氏度左右，冬季绝大部分地域比较暖和。

岩溶之美

南方喀斯特

■贵州荔波喀斯特地貌美景

盆地 主要特征是四周高，中部低，因像盆状而得名。在我国有5个有名的盆地，分别为四川、塔里木、吐鲁番、准噶尔、柴达木等盆地，面积都在10万平方千米以上，多分布在地势第二阶梯上。

斯特大泉及地下河水自洼地边缓缓流出，清澈透明，构成山清水秀的田园森林风光。

盆地森林为森林覆盖的喀斯特峰林盆地，四周森林茂密的孤峰及峰丛巍然耸立。盆地开阔平坦，锥峰挺拔俊秀，上下一片碧绿，形成了蔚然壮观的盆地森林景观。

槽谷森林为森林浓密覆盖的喀斯特槽谷。谷中巨石累累，巨石上布满藤萝树木。谷地忽宽忽窄，两岸锥峰时高时低，森林覆盖疏密不定，地下河时隐时露，流水清澈，形成神秘而肃静的景色。

在茂兰喀斯特森林，种类繁多的地下水露头和地表溪流在千姿百态的青峰掩映之下，展示出一派瑰丽珍奇的水景山色。

区内的喀斯特水文情况主要有地下河出、入口及明流、瀑布、喀斯特潭、湖泊、地下河天窗、喀斯特泉、多湖泉及森林滞汐泉等。

这些水文现象与一般喀斯特地区并无本质上的差别，但因其出露及径流之处多为森林及树丛所掩盖，致使密林之中清流若隐若现，为喀斯特山水增添了清新的色彩。

地下河出入口及明流段，区内多见于东南部，一般沿绿

■ 贵州荔波森林

■ 贵州荔波喀斯特瀑布

色群峰环抱的盆地及洼地一侧流出，迂回曲折，时隐时现。再沿另一侧潜入地下，来无影，去无踪，给人以神秘之感。

区内最大的瀑布，见于瑶所东侧绿色峡谷出口处。系瑶所地下河骤然出露地表而形成，总落差70余米。瀑布沿绿荫覆盖的喀斯特陡壁层层跌落，水花飞溅，恰似银白色飘带悬挂于绿茵丛中，蔚为壮观。另外还有小七孔响水河68级瀑布群、拉雅瀑布等，均各有特色。

茂兰的地下洞穴极为发达，遍布全区，多与地下河道纵横交错。有的千姿百态，有的神秘莫测，有的奇形怪状，实为不可多得的旅游探险资源。

洞穴中，以花峒一带的洞穴最为丰富和壮观，如九洞天、神仙洞、金狮洞等。九洞天中，有一座石柱，像一尊大佛，惟妙惟肖。当地群众常到洞中求神

峡谷 深度大于宽度谷坡陡峻的谷地，是V形谷的一种，一般发育在构造运动抬升和谷坡由坚硬岩石组成的地段。当地面隆起速度与下切作用协调时，易形成峡谷。我国长江的三峡，黄河干流的刘家峡、青铜峡等，是修建水库坝址的理想地段。我国的雅鲁藏布江大峡谷是世界第一的大峡谷。

■ 贵州喀斯特钟乳石 钟乳石又称石钟乳，是指碳酸盐岩地区洞穴内在漫长地质历史中和特定地质条件下形成的石钟乳、石笋、石柱等不同形态碳酸钙沉淀物的总称，钟乳石的形成往往需要上万年或几十万年时间。由于形成时间漫长，钟乳石对远古地质考察有着重要的研究价值。

拜佛，祈祷生儿育女、来年有好收成。

最奇特的是地处洞山的金狮洞，洞长不过300米，但洞中石笋、石柱、石旗、钟乳石等极为发达和集中，洞中集水，水深仅至膝，石笋生长在水中成林，似岛屿、珊瑚礁沿岸簇状分布。有的犹如茶花含苞欲放，有的似雪莲、浮萍，洁净雪白，蕴为雪山美景，有的如水中灵芝，迎水倾斜，构成了一个难得的洞穴艺术宫。

荔波樟江风景区在贵州省布依族苗族自治州荔波县境内，山川秀美，自然风光旖旎而神奇。喀斯特形态多种多样，锥峰尖削而密集，洼地深邃而陡峭，锥峰洼地层层叠叠，呈现出峰峦叠嶂的喀斯特峰丛奇特景观。

荔波樟江风景名胜区由小七孔景区、大七孔景区、水春河景区和樟江沿河风光带组成，面积271平方千米。樟江沿河风光带，全长30千米，一水贯穿水春河峡谷和大七孔、小七孔景区。河面水流平稳，水清如玉，两岸青山绿树，农田村落，交织成美丽的田园风光。

小七孔景区是因一座清朝时期的小七孔古桥而得名，这是一处融山、水、林、洞、湖、瀑为一体的天然原始奇景。

小七孔景区秀丽奇艳，有"超级盆景"的美誉。鸳鸯湖是这里最耀眼的亮点。穿越重重森林，你会惊喜地发现两大片蓝蓝的湖水，静卧于树木环抱之中。湖水颜色浓淡不一，竟有红、橙、黄、绿、青、蓝、紫七色，这是各色树木映入水中，经过湖水吸收、反射和折射而成。

水上森林则是一片极其独特的森林。仔细看去，这里的千百株树木，全都植根于水中的顽石上，又透过顽石扎根于水底的河床。

水中有石，石上有树，树植水中，这种水、石、

清朝 我国历史上第二个由少数民族建立的统一政权，也是我国最后一个封建帝制国家，对中国历史产生了深远影响。1616年，建州女真部首领努尔哈赤建立后金。1636年，皇太极改国号为清。1911年，辛亥革命爆发，清朝统治瓦解，结束了我国2000多年来的封建帝制。

■ 贵州荔波樟江风景区小七孔桥

玉 我国传统的玉料，玉的名称来自软玉，因以新疆和田地区出产最佳，常称为"和田玉"。"玉"字始于我国最古的文字——商代甲骨文和钟鼎文中，并逐渐发展形成了我国的一种特殊文化，它充溢了我国整个的历史时期，因此而形成了中国人尊玉、爱玉、佩玉、赏玉和玩玉的传统用玉观念。

■ 贵州天生桥

树相偎相依的奇景，令人叹为观止。

此外，响水河68级叠水瀑布群，像一条飘动的银链，拉雅瀑布飘洒着清凉的珍珠雨，沁人心脾。卧龙潭潭水幽深，春来潭水绿如碧玉之景观，令人惊叹。夏季潭水飞泻大坝，涛声震天，瀑布壮观惊人。

天钟洞深邃莫测，大自然神工造化，洞景千姿百态，俨如梦幻仙境。神秘的漏斗森林中的野猪林，林水交融的水上森林，奇特的龟背山喀斯特森林，在世界上的自然风光中独具一格。

大七孔以一座大七孔古桥而得名，分布着原始森林、峡谷、伏流、地下湖等，充满了神秘色彩。大七孔景区气势恢宏，雄奇险峻。妖风洞暗河阴森，传说使人胆战心惊，激流跃进洞口，形成层层叠水。

天生桥又名仙人桥，屹立于河上，桥高雄峻，气势非凡，人称"东方凯旋门"。地峨宫神秘莫测，宫中有河、有瀑、有湖，幽深绝妙，实为贵州高原最大的地下"宫殿"。

妖风洞又称为黑洞，因为洞内黝黑，伸手不见五指。传说洞内藏着妖怪，它常年兴风作浪，在离洞口200米之外的地方就能感到扑面而来的嗖嗖凉风和森森寒意。

洞首是一条数十米长的窄巷，划船进去可见一道宽10米、高20

米的瀑布。洞长7.5千米，洞高50米，洞内巨石滚滚，将至洞尾处有一巨大湖泊，往前行乃一窄巷，洞壁如削，一道十余米高的瀑布挡住去路。

■贵州荔波拉雅瀑布

若在洞壁凿岩设栈道，则再行里许便出洞口，天地豁然开朗，二层河在这里汇成一个面积约1000平方米的喀斯特湖泊。密密实实绿荫围匝的高原湖一尘不染，山林静谧，空气鲜活。

从大七孔桥溯流而上是一道长长的天神峡谷，峡谷内危崖层叠，峭壁耸立，岚气缭绕。最为奇异的是，在这里不能大声呼叫，否则绝壁上的大小石块会飞溅而来，当地百姓谓之为天神恼怒，这里因此得名为恐怖峡。

在名叫"虎刀壁"的陡崖上，洞口密布，岩腹中是一个巨大的溶洞，名为"万鸟洞"，洞中栖息着成千上万只山燕。

天神 指天上诸神，包括主宰宇宙之神及主司日月、星辰、风雨、生命等神。天神也是我国赫哲族人特别崇拜的神，他们常将有特异形状或遭雷击的"神树"底部雕成人面形，也有的筑起小庙，在庙里供奉一木偶为天神，并予以祭祀。

贵州荔波小七孔桥景区

每天晨曦初露时，山燕子成群结队从溶洞里蜂拥飞出，"哩哩"鸣叫，在峡谷里追逐盘旋，足足飞一个多小时才能全部出洞。一时间鸟翅蔽天，翔声震耳，蔚为壮观。

此外，危岩峭壁的山神峡，横溪高大的双溪桥，终年滚滚喷涌的清水塘，两岸树木参天的笑天河，原始森林覆盖的清澈透底的二层湖，均为少见的景致。

水春河峡谷景区，两岸绝壁夹峙，植被丰茂，怪石突兀，水面晶莹，风光诱人。以喀斯特地貌上樟江水系的水景特色和浩瀚苍莽的森林景观为主体。景物景观动静和谐、刚柔相济，既蕴含着奇、幽、俊、秀、古、野、险、雄的自然美，又有浓郁独特、多姿多彩的少数民族风情。

阅读链接

水书是水族人民千百年来的精神信仰、伦理道德、哲学思想以及生产生活经验等诸多方面的累积。

是古代水族先民用类似甲骨文和金文的一种古老文字符号，记载水族古代天文、地理、民俗、宗教、伦理、哲学、美学、法学、人类学等的古老文化典籍，它所涵盖的内容充分地展示了水族人民的智慧，深深地影响着现代水家人生产生活的各个方面。

在茂兰保护区，水族文化和水书传承依然保存得相当完好，逢年过节或重大择日活动，当地的水族人都要请水书先生设祭，祈求获得保佑。

在打开水书之前，人们会用五谷、鸡、鸭、鱼、肉祭水书祖先，然后才开始翻阅，以消灾避祸，祈求平安。

重庆武隆的峡谷三绝

重庆武隆喀斯特是我国南方喀斯特的重要组成部分，是深切形峡谷的杰出代表。它不仅是反映地球演化历史的杰出范例，而且还是生命的记录，它承载了重要的、正在进行的地貌演化，具有地貌形态和自然地理特征。

武隆孕育出了3个独立喀斯特系统，即芙蓉洞洞穴系统、天生三桥

重庆武隆喀斯特绝壁

岩溶之美

南方喀斯特

天坑 指具有巨大的容积，陡峭而圈闭的岩壁，深陷的井状或者桶状轮廓等非凡的空间与形态特质，发育在厚度特别巨大、地下水位特别深的可溶性岩层中，从地下通往地面，平均宽度与深度均大于100米，底部与地下河相连接的一种特大型喀斯特负地形。

喀斯特系统和后坪冲蚀型天坑喀斯特系统，被称作"中国南方喀斯特三绝"。

这3个喀斯特系统是长江三峡地区在新近纪以来，在地壳大面积抬升和河谷深切的基本条件下发育形成的。它们以洞穴系统、天生桥及峡谷系统和喀斯特天坑系统等为不同的表现形式，生动地记录和表现出了地球在这一阶段的地壳抬升特性。

武隆喀斯特不仅演示了正在进行的地球内外引力的地质作用，而且还蕴藏了不同地质条件下喀斯特发育和演化的秘密，甚至是解读长江三峡机理形成的一把重要钥匙。

芙蓉洞是一个大型的石灰岩洞穴，形成于第四纪的更新世时期，是在120多万年前，发育在古老的寒武系白云质灰岩中的洞穴，洞内深部气温稳定，终年为16摄氏度，被称为"天下第一洞"。

■ 重庆武隆天生三桥

芙蓉洞主洞全长2.5千米，游览道约1.9千米，底宽为12米至15米以上，最宽近70米，洞高一般8米到25米，最高48米。洞底总面积37000万平方米，其中辉煌大厅面积超过了1000平方米，可以容纳静态客共计18.5万人。

洞内还存在着70多种各类次生化学积形态，即钟乳石类，琳琅满目，丰富多彩，几乎囊括了钟乳石所有的沉积类型，如石钟乳、石笋、石柱、石幕、石瀑布、石旗、石带、石盾、石葡萄、珊瑚晶花等，主要由方解石、石膏、文石和水菱镁石等矿物组成。

■ 武隆仙女山天生三桥青龙桥

其中大多数种类存在数量之众多、形态之完美、质地分布之广泛，在国内绝无仅有，而且某些类型在全世界也是罕见的。

芙蓉洞洞内是层层叠叠的石花和成排成队的石笋，它们完全是由岩壁上渗漏出水经过天长日久的凝结变化而形成的。这些石幔和石笋大小不一，形态各异，就像巧夺天工的艺术品，让人目不暇接。

芙蓉洞中生长的植物只有两种，即蕨类和苔藓类。据说，这些植物的苞子孕育于亿万年前的恐龙时代，在黑暗中已经经历了漫长的岁月。

银丝玉缕，指的是洞壁上纤细如发、卷如根须的石晶花和卷曲石，芙蓉洞的这些石晶花颜色洁白，形

文石 又称霰石，与方解石等成同质多象，晶体呈柱状或矛状，常见的是六方对称的三连晶。集合体多呈皮壳状、鲕状、豆状、球粒状等。通常呈白色、黄白色。玻璃光泽，断口为油脂光泽。

石幔 洞穴学名词，又称石帘、石帷幕。渗流水中碳酸钙沿溶洞壁或倾斜的洞顶向下沉淀成层状堆积而成，因形如布幔而得名。

地理恩赐

地质蕴含之美与价值

■ 重庆武隆芙蓉洞
内景观

石拱桥 用天然石料作为主要建筑材料的拱桥，这种拱桥有悠久的历史，桥梁又多有附属小品建筑，桥头常立牌坊，华表、经幢和小石塔也常用于桥梁，世界上最著名的割圆拱桥首推我国的赵州桥。

态娇嫩。其数量之多、分布面积之大，在全国所有洞穴中堪称第一。

珊瑚瑶池，由色泽浅黄的方解石晶花和乳笋构成，整个池子面积有30平方米左右。池水中的石晶花分为上下两层，看上去就像漂在水面上一样。

不论是池水面积、深度，还是石晶花的数量及规模，珊瑚池都堪称世界之最，是芙蓉洞中的瑰宝。

芙蓉洞具有极高的观赏和科研价值，游客至此，不仅可以使人在神奇的大自然中获得精神享受，而且还能够增长很多有关洞穴的知识。

天生桥是典型的喀斯特地貌，以天龙桥、青龙桥、黑龙桥三座气势磅礴的石拱桥而称奇于世，是亚洲最大的天生桥群。

天生三桥地处仙女山南部，位居仙女山与武隆县之间。天生石桥气势磅礴，林森木秀、飞泉流瀑，包容了山、水、雾、泉、峡、峰、溪、瀑，是一处高品位的生态区域。

武隆天生桥分布在长为10千米三叠系下统的碳酸盐岩河段，由峡谷干谷、伏流、天生桥、天坑、洞穴、喀斯特泉组成，峡谷深200米到400米不等，尤以其中的羊水峡和龙水峡地缝式岩溶峡谷最为壮观。

天龙桥为天生一桥。桥高200米，跨度300米，因其位居第一，有顶天立地之势而得名。天龙桥发育有两个穿洞，南穿洞为迷魂洞，北穿洞为天生桥通道，其形状酷似人工桥梁。

青龙桥为天生二桥。是垂直高差最大的一座天生桥。桥高350米，宽150米，跨度400米。因雨后飞瀑自桥面倾泻成雾，夕照成彩虹，似青龙直上而得名。

黑龙桥为天生三桥。桥孔深黑暗，桥洞顶部岩石如一条黑龙藏身于此，令人胆战心惊。黑龙桥景色以其流态各异的"三迭泉""一线泉""珍珠泉""雾泉""四眼宝泉"而独具特色。

三叠系 位于二叠系和侏罗系之间，处于2.5亿年至2.03亿年前，延续了约5000万年。海西运动以后，许多地槽转化为山系，陆地面积扩大，地台区产生了一些内陆盆地。这种新的古地理条件导致沉积相及生物界的变化。从三叠系起，陆相沉积在世界各地，尤其在我国及亚洲其他地区都有大量的分布。

029

岩溶之美

南方喀斯特

■重庆武隆景色

奥陶系 指奥陶纪形成的地层。我国的奥陶系分为下、中、上3个统、6个阶。在我国，奥陶纪海侵范围与寒武纪大致相似，不过出现了岩相和生物群的分异现象。动物群因岩相而异，广阔的浅海相黑色页岩中以笔石群为代表，滨海相碎屑岩以软体动物贝壳相的混合动物群为代表，静海灰岩相以头足类动物群为代表。

■ 重庆武隆仙女山天坑景观

天龙桥、青龙桥和黑龙桥这三座天生桥，在总高度、桥拱高度和桥面厚度这3个天生桥的重要指标中都可以排在世界的首位，具有重要的意义。

在这三座喀斯特天生桥的桥间是天坑。

武隆后坪冲蚀天坑发育于奥陶系石灰岩中，由地表沟溪、落水洞、竖井、天坑、化石洞穴、地下河和泉水组成，是一个包含从非喀斯特区到喀斯特区、从地表到地下、从上游到下游、从补给到排泄以至冲蚀天坑等不同发展阶段的完整喀斯特系统，处于"独一无二"的地位。

后坪天坑最典型的就是箐口天坑，箐口天坑的形态堪称完美，坑口呈椭圆形，最大和最小的深度分别为295米和195米。

自坑口视之，绝壁陡直，深不可测，奇险无比。自坑底仰视，四周绝壁直指天穹，如坐井观天，白云悠悠，天空湛蓝，给人以超然物外、远离尘嚣的感觉。

在箐口天坑附近还有石王洞天坑、天平庙天坑、大落凼天坑和牛鼻子天坑。其中，在大落凼天坑的东北侧，有一岩溶石柱，柱高100余米，直径50余米，巍然挺立于天坑边上，好似天坑的守护神。

伟岸挺立的高大石柱，与深不

见底的、神秘莫测的大落凼天坑形成鲜明对比，阳刚与阴柔并存，构成一道独特的景观。

　　此外，在重庆市武隆县后坪东、西、北三面的姚家坝、二王洞、土鱼溪、板厂坝、老梁子、山王敦等约20平方千米的土地上，分布有神奇的麻湾洞、规模宏大的溶洞、狭长幽深的地缝峡谷、罕见的天坑群、巍然挺立的石柱、风景如画的红山人工湖、古老的原始森林、险峻秀丽的人头山、宽广美丽的山王敦、苏维埃政权遗址等，浑然一体，风景独特。

　　麻湾洞是木棕河的发源地，源头水源从地下泉眼涌出，形成水势凶猛的河流。有史以来，木棕河畔的庄稼人引用麻湾洞的水灌溉农田、解决人畜饮水。后来，人们利用丰富的水利资源，在木棕河上建起了三座电站，为地方经济和社会发展作出了巨大贡献。

　　麻湾洞以北1千米是二王洞，二王洞有二王洞屯和灶孔眼两个洞口，二王洞屯洞口是通往箐口天坑底部的唯一通道，有两个岔道，呈"Y"型，左道直达箐口天坑底部，右道通往天坑绝壁洞口。

石柱 由于石笋和钟乳石不断地增长，最后连接起来形成柱状物，称为石柱，它们的发育最后会把洞穴填塞封闭起来。石柱、石笋、石钟乳是组成洞穴美景的主要部分。

原始森林 指天然形成的，未遭到人的破坏的完整生物圈。原始森林是陆地生态系统的核心，并不仅仅是高大的树木，而是一个综合的生态系统，包括动植物间的食物链关系，在原始森林中，某一物种的减少，都可以影响其他物种的生存，

海拔 指地面某个地点或者地理事物高出或者低于海平面的垂直距离，是海拔高度的简称。我国各地面点的海拔，均由黄海平均海平面起算的高度为基准。我国境内的珠穆朗玛峰海拔高度是8848.13米，是世界海拔的最高点。

从洞口进入向北有一大厅，长宽约200米，高100米。晴天，阳光从灶孔眼顶部直射而下，蔚为壮观。大厅四周钟乳林立，形状各异。再向北，就可以通过钟乳林立的走廊到达箐口天坑。

在二王洞向北750米的地方是三王洞，为牛鼻子洞一带地表水和地下水的排水通道。化石洞穴的入口在阎王沟干谷谷壁上，海拔940米。洞体总高差236.5米，洞道较为复杂，支洞繁多，相互串通，总体呈"Y"字形，结点处为环行洞道。

主洞洞体宏大，洞内除部分地段为斜坡外，洞底较为平坦，钟乳石遍布、粗大，形状各异。有雄狮、蛤蟆、鳄鱼、石水母、仙人指路、人生起点、欲罢不能、芝麻元宵、海狮觅食、天狗望月等众多景观，壁流石似帘幕自高垂异，琳琅满目，极具观赏和科考价值。

■ 重庆武隆仙女山峡谷

阎王沟峡谷尾部紧靠三王洞口，自北端的上大湾至南端的灶孔眼，全长2.3千米，两岸山脉最高峰约1.3千米，峡谷最低点海拔为842米，峡谷深度为496米。

根据峡谷的窄长程度和发育变化，阎王沟可分为上部较开阔的岩溶峡谷和下部的地缝式峡谷。上部的岩溶峡谷宽在300米到600米之间，深度400米。下部的地缝式峡谷，深度、宽度各100米，最窄处仅数米。

阎王沟峡谷是盲谷式峡谷，峡谷在雨季所汇集的地表水，从南端的灶孔眼汇入二王洞的地下水排水系统中，最终在其南部的麻湾洞泉排出地表。而在阎王沟发育的早期，地表沟水是经其上部的峡谷从地表经过二王洞屯排往木棕河的。

后来，由于阎王沟的下切和位置更低的地下排水道排水，因此又可将这一段峡谷看作盲谷。

阎王沟峡谷谷深林幽，具有极高的观赏价值，特别是靠近灶孔眼段，谷底深切，两岸近乎垂直，宽度小，气势逼人，行走其中，有着别样的感受。

阅读链接

相传天生桥在很久以前，是一个山清水秀、鸟语花香的地方，并没有三座桥，居住在这里的人们过着幸福安乐的生活。

有一天，东海龙王路过这里，就决定和他的3个女儿搬到这里来住，并为当地百姓做了很多好事，人们都非常喜欢她们。

心怀叵念的豪霸听说之后，就派人搜集了很多仙人惧怕的桐油沿着蔡帝塘周围扔进塘中。人们跑到湖底想找回仙女，可是看到的是3只很大的红色的癞蛤蟆躯壳，背上还插着苦竹，龙女们就这样离开了人们。

后来，人们为了纪念他们，就在蛤蟆所在的地方建造了三座桥，并根据龙女所穿衣服的颜色命名为天龙桥、青龙桥、黑龙桥。

肇庆七星岩的人间仙境

远古时期，黄帝的孙子颛顼与炎帝的后代共工一同争夺天下，共工氏将不周山拦腰撞断。霎时间天地巨变，山川移动，河水倒流，天边出现了一个巨大的窟窿。

女神女娲目睹人类遭受如此奇祸，感到无比痛苦，于是决心补

■广东肇庆七星岩山峰

天。她在天台山上架起大火，足足炼了七七四十九天，终于炼成了七块补天巨石。女娲召集众神商量谁愿承担补天重任，七位神仙立马上前领命。

女娲交给每位神仙一条赭鞭，并说："有劳各位，只要挥动此鞭便可随祥云一同抵达。"

七神接过女娲交给的赭鞭，便在夜色中驱赶巨石，然后腾云驾雾而去。但他们到达西江口时，看到江两岸美景无限，诸神一时间竟然看得痴了，忘记了赶路。

■ 广东肇庆七星岩

后来一阵狂风吹来，七块巨石被吹落人间，变成了七座俊秀的山岩，和碧绿的湖水交相辉映。

"妙哉！妙哉！"一位神仙突然哈哈大笑起来。

"此话怎讲？"众神仙表示不解。

"诸位请看，此七座高耸的山岩，前六岩并排而列，状若贯珠，后一岩横控期背，像不像北斗七星？此乃仙境落人间呀！"

"正是！正是！无怪乎巨石不走，上天有意让其长留人间壮美景啊！"神仙们无不额手称庆，为七座山取名"七星岩"。

女娲知道此事后并没有怪罪七位神仙，反而庆幸又为人间多造了一处奇观胜景。很快，女娲又重新炼出五彩巨石，成功将天补好，大地重新焕发了生机。

女娲 又作女希氏、女娲氏、女娲娘娘、娲皇氏、凤里希、始祖母神，生于古成纪，传说她有神圣之德，人首蛇身，抟土造人，故称娲皇。后来成为我国传统国教道教中的一位女性神，全称"承天效法后土皇地祇"，简称地皇。是传说中华夏民族的始祖，因所处的时代约为旧石器时代中晚期，所以也被认为是我国的乐器鼻祖之一。

■ 广东肇庆七星岩
莲湖岩石

石灰岩 主要是在浅海的环境下形成的。石灰岩按成因可划分为粒屑石灰岩，生物骨架石灰岩和化学、生物化学石灰岩。按结构构造可细分为竹叶状灰岩、鲕粒状灰岩、豹皮灰岩、团块状灰岩等。石灰岩的主要化学成分是碳酸钙，易溶蚀，所以在石灰岩地区多形成石林和溶洞，称为喀斯特地形。

七星岩位于广东肇庆北部，由五湖、六岗、七岩、八洞组成，面积8230平方米。肇庆七星岩湖中有山，山中有洞，洞中有河，可以说是景在城中不见城，美如人间仙境。

七星岩以喀斯特溶岩地貌的岩峰和湖泊为主要特色，七座排列如北斗七星的石灰岩岩峰巧妙分布在面积达6300平方米的湖面上，约20千米长的湖堤把湖面分割成五大湖，风光旖旎，被誉为"人间仙境"和"岭南第一奇观"。

七星岩历史悠久。相传在远古时期这里是一片汪洋大海，海陆变迁之后隆起而成为了七星岩洞。上百万年来，石灰岩经雨水溶解成乳状液，后又凝结，日积月累形成各种形状，使那石乳、石笋、石柱和石幔千姿百态，蔚为奇观。早在晋代就已经有文字记载了，在隋唐至宋时便被称为栖霞洞。

七星岩主体由阆风岩、玉屏岩、石室岩、天柱岩、蟾蜍岩、仙掌岩、阿坡岩七座石灰岩山峰组成，排列如北斗七星般撒落在碧波如镜的近600公顷的湖面上。

星湖原是由西江古河道形成的沥湖，约20千米长的林荫湖堤如绿色飘带般地把仙女湖、中心湖、波海湖、青莲湖和里湖连接在了一起，湖光山色，绰约多姿，十分美丽。

七星岩雄伟深邃，洞中经年留下了许多诗文和题刻。这些摩崖石刻共有531题，其中石室洞有333题，是广东保存最多、最集中的石刻群。广东石刻以唐为贵，七星岩就有唐刻4题。石刻以汉字为主，还有藏文和西班牙文。

汉字各种书体俱全，以楷书为最，行书次之。唐朝的书法家李邕曾慕名前来，写下了著名的《端州石室记》，并镌刻在石室洞口的石壁上，是七星岩摩崖石刻的珍品。

石室洞由龙岩洞、碧霞洞和莲花洞组成。石室洞是七星岩开辟最早、景物最多的溶洞。穹隆高大，千姿百态，如梦如幻的景观，令历代文人骚客陶醉，并留下赞美的诗篇。洞中存各种文体石刻333题，可见石室洞在七星岩中的名望。

石峒古庙位于七星岩东北部，始建于唐初，又于

摩崖石刻 指人们在天然的石壁上摩刻的所有内容，包括上面提及的各类文字石刻、石刻造像，岩画也可归入摩崖石刻。摩崖石刻有着丰富的历史内涵和史料价值，而且许多摩崖石刻为政治或文化名人所题，书法精美，具有珍贵的艺术价值。

岩溶之美

南方喀斯特

■ 广东肇庆七星岩崖刻

广东肇庆七星岩鸟瞰喀斯特地貌

1585年重建，后来又经过两次修葺，因古庙置于岩洞中而得名。庙中供奉的是附近百姓信奉的周氏神。

在石峒古庙右侧有两个巨大的石笋，一高一低，酷似古人，这就是和合二仙。其中，一仙人手袖之下，有一个闪光平滑小穴。相传这小穴古时候天天都有雪花花的白米流出来，所以名为"出米洞"。

莲湖泛舟的最佳观赏点在红莲桥南风情码头处，在这里设有竹排、摇橹木船等，船在水中行，景色两岸走，如在画中游，休闲舒适、快意悠悠。自古有云：

不乘舟游湖，不知湖光之胜，枉来星岩。

阅读链接

传说，朱元璋死后，皇权传给其孙子朱允炆，可是好景不长。朱允炆当了3年多皇帝后，遭到了叔父朱棣的竭力反对，于是弃袍出逃。

有一天，朱允炆逃到了石峒古庙，躲藏在阴森森的石洞之中。石峒古庙住着一个看庙的和尚，出米洞每天流出一升米供他吃用。说也奇怪，自从朱允炆来了之后，出米洞竟然又多流出了白花花的大米，足够二人食用。

但朱允炆每晚都梦见有人来追杀他，所以没多久就走了。朱允炆一走，出米洞又按原来的数量出米，令和尚大为恼火。

有一天早上，和尚拿来手锤，将出米洞的小穴敲大了，然后就盘腿闭目等着，可是从早上等到天黑，也没有出一粒米，出米洞就这样变成了石洞。

在我国，丹霞指的是一种有着特殊地貌特征以及与众不同的红颜色的地貌景观，其形状像"玫瑰色的云彩"或者"深红色的霞光"。

它是红色砂岩经长期风化剥离和流水侵蚀，形成的孤立山峰和陡峭的奇岩怪石，是巨厚红色砂、砾岩层中沿垂直节理发育的各种丹霞奇峰的总称。

由于我国地理环境的区域差异，丹霞地貌的发育特征表现出一定的差异性。不同的气候带产生的外力组合，以及晚近地质时期环境的变迁，都不同程度地影响丹霞地貌的发育进程和地貌特征的继承与演变。

红色沃土

丹霞组合

福建泰宁拥有水上丹霞

　　丹霞地貌是由产状水平或平缓的层状铁钙质混合不均匀胶结而成的红色碎屑岩，主要是砾岩和砂岩，受垂直或高角度的节理切割，并在差异风化、重力崩塌、流水溶蚀、风力侵蚀等综合作用下形成的有陡崖的城堡状、宝塔状、针状、柱状、棒状、方山状或峰林状的地形。

　　丹霞地貌发育始于第三纪晚期的喜马拉雅造山运动时期，这次造山运动使得部分红色地层发生倾斜和舒缓褶曲，并使红色盆地抬升，形成外流区。

■泰宁景色

流水向盆地中部低洼处集中，并沿着岩层的垂直节理进行不断地侵蚀，形成两壁直立的深沟，称为巷谷。巷谷崖麓的崩积物在大于流水作用，不能被全部搬走时，就会沉积下来，形成坡度较缓的崩积锥。

随着沟壁的崩塌后退，崩积锥不断向上增长，覆盖基岩面的范围也不断扩大，崩积锥下部基岩形成一个和崩积锥倾斜方向一致的缓坡。崖面的崩塌后退还使山顶面范围逐渐缩小，形成堡状残峰、石墙或石柱等地貌。

随着进一步的侵蚀，一些残峰、石墙和石柱逐渐消失，形成缓坡丘陵。在红色沙砾岩层中有不少石灰岩砾石和碳酸钙胶结物，碳酸钙被水溶解后常形成一些溶沟、石芽和溶洞，或者形成薄层的钙化沉积，甚至发育有石钟乳，在沿节理交汇的地方还可以发育成漏斗。

在砂岩中，因有交错层理所形成的锦绣般的地形，被称为锦石。河流深切的岩层，可以形成顶部平齐、四壁陡峭的方山，或者被切割成各种各样的奇峰，有直立的、堡垒状的、宝塔状的等。

在岩层倾角较大的地区，有的岩层被侵蚀形成起伏如龙的单斜山脊，有多个单斜山脊相邻的称为单斜峰群，有的岩层沿着垂直节理发生大面积的崩塌，形

■ 张掖丹霞地貌

红色沃土

丹霞组合

山脊 由两个坡向相反坡度不一的斜坡相遇，组合而成条形脊状延伸的凸形地貌形态。山脊最高点的连线就是两个斜坡的交线，叫做山脊线。山脊是连成一排的山峰，山峰之间连成一条长线，因好像动物的脊骨一样有条突出的线条，所以得名。

■ 福建泰宁盆地丹霞地貌

华夏 由周王朝最先使用，但最初不是指代周王朝，而是指代周姬姓贵族以外的民族族群和部落，是方国和诸侯的合称，后来被用作我国和汉族的古称。华夏文明也称中华文明，是世界上最古老的文明之一，也是世界上持续时间最长的文明之一。

成高大、壮观的陡崖坡，陡崖坡沿某组主要节理的走向发育，形成高大的石墙，石墙的蚀穿形成石窗，石窗进一步扩大，变成石桥。有的岩块之间形成狭陡的巷谷，因岩壁呈红色而被命名为"赤壁"，壁上常发育有沿层面的岩洞。

泰宁丹霞由典型的丹霞地貌区及其自然地理要素组成，在造貌岩性、地貌形态、演化阶段等方面独具一格，有别于其他地区的丹霞地貌，因而称其为"泰宁式"丹霞地貌。

泰宁盆地是在华夏古板块武夷山隆起的背景上发育的白垩纪红色断陷盆地，由朱口和梅口两个北东向的小红色盆地构成，形成丹霞的岩石为白垩纪中晚期的崇安组砾岩、沙砾岩，总体地势由西北向东南倾斜，西部、北部高，东南缓，中部低。最高处为记子顶，海拔674米，地形最大高差可达400米。

泰宁丹霞拥有举世罕见的"水上丹霞""峡谷大

观园"和"洞穴博物馆"奇观,是我国东南沿海面积最大、地貌类型最全、地貌景观价值最高的丹霞地貌,成因以风化、水蚀、重力为主,岩溶作用为辅。

泰宁丹霞地貌包括上清溪、金湖、龙王岩及八仙崖等4个丹霞地貌区,合计面积为166平方千米,以峡谷群落、洞穴奇观、水上丹霞、原始生态、地质文化为主要特点,是我国少有的尚处于地貌发展演化旋回阶段的青年期丹霞地貌的典型代表,也是研究我国东南大陆中生代以来地质构造演化的典型地区。

这些丹霞地貌区原为4个大小不一的白垩纪红色碎屑岩盆地,盆地的西北缘或西缘都发育有大断层。盆地中还发育有走向不同的一系列断层。

盆地中的红色岩层除向盆地中心倾斜以外,还向大断层的一侧倾斜,形成不少单斜及近水平的丹霞地

八仙 古代民间广为流传的道教八位神仙。具体为哪些人物很有争议,后来始定为铁拐李、汉钟离、张果老、蓝采和、何仙姑、吕洞宾、韩湘子和曹国舅。

红色沃土

丹霞组合

■ 福建泰宁上清溪丹霞地貌

■福建泰宁大金湖
丹霞地貌

貌，构成秀美、奇特、壮丽的风景。

泰宁丹霞地貌区的自然景观以幽深的峡谷、神奇的洞穴、灵秀的山水和原始的生态为特色，保持了海拔约450米的古夷平面，形成了400多种多条深切峡谷群，构成了独具一格的网状谷地和红色山块，其中的线谷、巷谷、峡谷、赤壁发育、丹霞岩槽、洞穴不计其数，负地貌特征极其突出。

泰宁丹霞地貌区峡谷是由70多条线谷、130余条巷谷、220多条峡谷构成的丹霞峡谷群，它以崖壁高耸、生态优良、洞穴众多为特色，极具观赏性。它们有的纵横交错，有的并行排列，有的则九曲回肠，形成深切曲流的奇观。

丹霞峡谷大都曲折幽深，峡中树竹葱茏，藤萝密布，溪水清清，鸟韵依依。若乘竹筏在曲流中漂游，则如欣赏一幅美妙的山水长卷，给人以动态的美感。

洞穴是泰宁丹霞地貌的奇观，据不完全统计，泰

宁地区有大型单体洞60余处，其洞长在10余米至400余米不等，洞穴群则多达上百处。

在泰宁丹崖赤壁上分布的千姿百态的丹霞洞穴，独具特色。洞穴大者可容千人，小的状若蜂巢。洞穴组合或特立独行，或成群聚集，或层层套叠。

洞穴的造型若人、若禽、若兽、若物，变化万千。洞穴装点着赤壁丹崖，为赤壁丹崖增添了许多奇异的色彩。

泰宁丹霞洞穴不仅极具观赏性，而且还是研究丹霞洞穴的理想场所。一些规模较大的洞穴内还保留有寺、庙、观、庵等建筑物，使得丹霞洞穴散发出一种神秘而厚重的宗教文化气息。

泰宁丹霞山水景观的特点集中表现在山峰的千姿百态和秀美。这些群山中的峰林、峰丛、石柱、石墙，形象各异，它们赤壁倒悬、危崖劲露，或雄风大气，或灵秀雅致。

山峰的造型怡秀清丽，众多水体点缀其间，山峰

■ 福建泰宁丹霞地貌

红色沃土

丹霞组合

谷地 由两侧正地形夹峙的狭长负地形，常有坡面径流、河流、湖泊发育，陡峻的谷地可能有泥石流，在等高线地形图上表现为一组向高处突出的等高线。

观 即道观，道作为我国古代一种至高的精神追求，凡人皆以仰望，故借观；观道，如同观察星象一样，深不可测，只能揣摩。道观之地，就是窥测无上天意所在的地方，也就是道士修炼的地方，需要保持清静、整洁和庄严。

■福建泰宁丹霞地貌

的赤壁丹崖与绿树碧水相依相映，色彩瑰丽。金湖水深色碧，岛湖相连，湾汊相间，群峰竞秀，展现在人们眼前的是一幅幅浓淡相宜、富有诗情画意的泼墨山水画面，置身其中，流连忘返。

泰宁丹霞生态景观的特点在于古人对林木的精心保护，使得泰宁丹霞地貌区生态环境优良。

在地貌区的核心地带，沟壑纵横，人迹罕至，生态系统保持完整，林木生机盎然，藤萝攀岩附树。行走其中，稀有树种、珍贵野禽常见。这里空气清新，是天然的氧仓。

特别是上清溪、金湖、九龙潭等溪流、湖泊、深潭与丹霞地貌相结合，构成了景色秀丽的"水上丹霞"，异常迷人。

阅读链接

九龙潭是著名的水上丹霞景观，也是世界上最长的水上奇峡，因有九条蜿蜒如龙的山涧溪水注放潭中，故名九龙潭。九龙潭的主体是由丹霞地貌构成的丹霞湖，潭面长约5千米，最宽处约百米，最窄处不足1米，潭深可达18米。

其中的应龙峡堪称稀世奇景，全长约1200米，两岸绝壁，一脉水天，岩槽石鳞，飞瀑流泉，为目前发现的最长的水上一线天。荡舟九龙潭，潭边奇峰突兀、峭壁林立，十分清幽寂静，使人恍若处身世外。

水在这片丹霞里低回百转，一弯一景，一程一貌。漂流其间，在清、静、奇、野等元素完全融合的氛围中，亲山、亲水、亲氧、亲绿，人与自然亲密无间，乐在其中，陶醉其间。

湖南崀山的中国丹霞之魂

　　大约4亿年前，崀山地区还是一片汪洋。后来，广西造山运动将它抬出水面，形成了陆地。不久，崀山和桂林、长沙一带的"湘桂海洋基地"再次陷入海底。

　　此后又历经了数十次的地壳运动，时生时灭，直至两亿年前，剧烈的造山运动才又将它从水底托起，形成了典型的丹霞地貌。

　　构成崀山丹霞地貌的岩层是形成于9000万年前到6500万年间的晚白垩世时期

■湖南邵阳崀山丹霞地貌

节理发育 几乎在所有岩石中都可以看到有规律的、纵横交错的裂隙，它的专门术语就叫节理。节理即是断裂岩块沿着破裂面没有发生或没有明显发生位移的断裂构造。

的陆相红色碎屑岩系，岩石中北东向与北西、近南北向网格状垂直节理发育得极为完善，是构成崀山地区丹霞地貌的物质基础与空间条件。

由于崀山地区处于亚热带湿润气候区，降雨充沛，地表径流发达，再加上流水侵蚀及其诱发的重力作用，促成了丹霞地貌的形成。

在重力堆积的作用下，逐渐构成了坡面的非凡景观，如有的巨石形成了有观赏价值的蛤蟆石、美女梳妆等形象化石，而有的个景由于垂直节理发育加上单斜岩层层理，出现了临空危岩。还有的顺层理方向临空或顺节理方向临空，如斗篷寨、将军石、蜡烛峰等，景象异常壮观。

崀山丹霞地貌区，造型多姿多彩，瑰奇险秀，是一座罕见的大型"丹霞地貌博物馆"，这里山水林洞，要素齐全，气候宜人，素有"五岭皆炎热，宜人独崀山"之说。

■湖南崀山丹霞盛景

■ 湖南崀山丹霞地貌

在这里，丹霞地貌有石崖、石门、石寨、石墙、石柱、石梁、石峰、一线天、天生桥、单面山、峰丛、峰林、峡谷、岩槽、崩积岩块、天然壁画，造型地貌有穿洞、扁平洞、额状洞、蜂窝状洞、溶洞、水蚀洞穴、竖状洞穴、堆积洞穴、崩塌洞穴等26种结构和类型，崀山丹霞发育一应俱全，被称为"中国丹霞之魂"。

崀山丹霞地貌的结构与特征的典型性和完整性是十分罕见的。一线天是丹霞地貌中难得发育的景观，而在崀山就发现了十多处，天下第一巷西侧大约不到150米的范围内就有与之平行的遇仙巷、马蹄巷、清风巷三条石巷。

丹霞地貌形成天生桥十分难得，而在崀山就发现了五座。崀山丹霞地貌的形成与发展过程也十分清楚，幼年期、壮年期、老年期的地质遗迹发育良好，保存完整，特别是代表丹霞壮年早期的密集型簇群式

壁画 在建筑物的墙壁或者是在天花板上描绘图案。可以分为粗底壁画、刷底壁画和装贴壁画等多种。是最为古老的一种绘画形式，在原始社会时期，人们就在洞壁上绘刻各种图形，用来记录一些事情，这是流传最早的壁画。我国的许多宫殿、墓室、庙宇、石窟中都有大量的壁画存在。

亚热带 又称副热带，是地球上的一种气候地带。一般亚热带位于温带靠近热带的地区，亚热带的气候特点是夏季与热带极为相似，但冬季明显比热带冷，最冷月的平均气温在0摄氏度以上。

鹤 在古代，鹤又被称为仙鹤，是"一鸟之下，万鸟之上"，仅次于凤凰的"一品鸟"，明清一品官吏的官服编织的图案就是"仙鹤"。同时鹤因为仙风道骨，为羽族之长，自古被称为寓意第一，寓意延年益寿。

峰丛，鹤立同类地貌，一枝独秀，无与伦比。

崀山丹霞的喀斯特混合地貌也独具特色，崀山丹霞地质的紫红色沙砾岩胶结物，普遍含有碳酸钙和石灰岩砾石，岩溶作用显著，形成了以溶蚀漏斗、溶蚀洼地、溶洞为标志的丹霞喀斯特，或者在上部的白垩纪红层砾岩发育成丹霞，下部石灰岩发育成喀斯特，如崀山飞濂洞可溶性喀斯特和白面寨五柱岩溶洞非溶性喀斯特现象就极具对比价值，具有不可替代性。

崀山丹霞多生物的生态系统令人惊奇。崀山是华南、华中、滇黔桂等动植物区系的交会过渡地带和中亚热带含华南植物区系成分的常绿阔叶林植被亚地带。整个景区四季常青，常年碧绿。

动植物区的植物起源古老，物种丰富，新种密布，是大量珍稀濒危植物、古老植物的重要栖息地和大自然珍贵的生物基因库。

崀山丹霞区有1421种野生维管束植物，大型真菌150种，其中列入我国物种红色名录的有21种，国家重点保护植物23种，其中一级重点保护植物有南方红豆杉、伯乐树、银杏3种，有9个植被型，71个植物群系，植被覆盖率85%。

崀山丹霞区有约占全世界4.5万余种0.46%的脊椎动物209种，其中哺乳动物25种，鸟类94种，爬行类35种，两栖类18种，鱼类37种，昆虫816种。

特有的物种如新宁毛莨和崀山唇柱苣苔，是刚发现不久的新物种，这两个品种仅分布在崀山范围内，且只生长在丹霞山体的石壁上，其他生存条件下无分布，是一种典型的生境狭窄特有现象。

崀山被子植物中存在白垩纪和第三纪残留成分，是记录被子植物基部类群与昆虫等动物发生协同进化关系的特殊生境地区，对理解被子植物基部类群的多样性和进化具有重要意义。

崀山景区的漏斗、洼地都形成了一套自身独特的生态系统，如万景槽中的蝙蝠群、漏斗中的茂密森林

维管束植物 植物的一个类群。在蕨类植物、裸子植物、被子植物的叶和幼茎等器官中，由初生木质部和初生韧皮部共同组成的束状结构。有时根据维管束的有无作为划分高等植物与低等植物的界限，所以维管束植物也被称为"高等植物"。

■湖南崀山丹霞美景

等现象世所罕有，极具个性。

崀山丹霞以层叠成列的"楔状地貌"和突起其间的"寨峰地貌"为主，景区内地质结构奇特，山、水、林、洞要素齐全，是典型的丹霞峰林地貌，在国内风景区中独树一帜。

大自然是一位雕刻大师，红色沙砾岩是雕刻的石料，新构造运动的上升是提升石料便于雕刻的升降机，节理裂隙和层理是下刀的纹路。

雕刻大师通过几千万年精雕细刻，推向人间的是一座美妙绝伦的艺术品。在内外力共同作用下造就了崀山绝伦的丹霞景观。

从美学价值的角度来看，崀山丹霞是我国南方湿润区丹霞地貌中，以紧密窄谷型壮年早期高大峰丛峰林地貌为特色的典型区域。

造景地貌均以"丹崖赤壁"为基调，是一宗具有群体结构的丹霞系列地貌的荟萃。

从岩层初期的雕塑分割到蚀余形态，展示了整个地貌形成、发展和演变的过程。其造型、色彩和气质达到最佳组合境界，衬托出其气势磅礴和厚重雄浑的高贵品质，素有"中国国画灵感之源"的美誉。

■湖南崀山丹霞地貌

崀山丹霞中的八角寨、牛鼻寨、红华寨等以造型绝险粗犷为特色，负向地貌以造型俊俏精工为特色，繁简互补、刚柔相济，既丰富又单纯，既活泼又有序，造成多样统一和谐而有节奏的韵律感。

崀山丹霞地貌的固有姿态和固有色彩，在环境条件的变化配置与烘托下，往往可由静态转变为动态，由单调转变为多样化。

■ 湖南崀山山峰

扶夷江水碧蓝清透，蜿蜒而过，随着四季的变化，冷色与暖色、澄澈与鲜明相互辉映，形成了丹霞地貌色彩美的鲜明个性和罕见的自然地带美。

崀山丹霞保留了沿袭几千年的农耕活动，成片的稻田随四季变化而呈现出春绿秋黄的田园风光。青瓦白墙、小桥流水的古式民居依山而建，古堡、山寨、寺院隐没山中。丹崖、青山、遗址、农舍巧妙地结合，辉映成趣，相互衬托出一幅完整的自然画卷。

从科学价值的角度来看，崀山位于扬子板块与华南板块交界地带和我国地势第二、三级阶梯的过渡地带，这里的资新红层盆地形成于白垩纪时期，丹霞地貌成型于新近纪晚期及第四纪时期。

从白垩纪到第四纪，由于我国大陆受印度板块及太平洋板块的双重挤压，地壳的抬升运动异常强烈，尤其是被称为世界屋脊的青藏高原的隆起对我国的大

新近纪 是新生代的第二个纪，包括中新世和上新世。新近纪是地史上最新的一个纪，也是地史上发生过大规模冰川活动的少数几个纪之一，又是哺乳动物和被子植物高度发展的时代，人类的出现是这个时代的最突出的事件。新近纪开始于2300万年前，一直延续了2140万年。

■ 湖南崀山远景

地质时期 指地球历史中有地层记录的一段漫长的时期。由于目前已经发现地球上最老的地层同位素年龄值约46亿年左右。因此，一般以46亿年为界限，将地球历史分为两大阶段，46亿年以前阶段称为"天文时期"或"前地质时期"，46亿年以后阶段称为"地质时期"。

气环流及地势分布格局具有重要的作用。

崀山丹霞地貌正是在这一特定的地质时期内，在一定的地壳运动方式及特定的区域环境、气候环境发生转变的条件下，形成的一种特殊生态环境变迁的标志性岩石地貌。

崀山丹霞地貌及其气候、生物群落演变过程，具体地表证了我国东南地区1亿多年来的地壳演化过程和古环境演变，足以代表东亚南部白垩纪以来的地球演化历史，是地球演化历史主要阶段的杰出范例。

崀山丹霞地貌是我国东南湿润地区壮年早期峰丛峰林丹霞地貌的典型代表，在所有的丹霞地区中具有典型的代表性和罕见性，对丹霞地貌的深入研究，能丰富、发展和完善丹霞地貌的理论体系。

崀山丹霞地貌中喀斯特现象明显，以漏斗、洼地、落水洞、洞穴与洞穴碳酸钙沉积景观为标准的丹

广东丹霞山的红石世界

在距今1亿年至7000万年前的中生代晚期至新生代早期，是地壳运动最强烈的时代，南岭山地强烈隆起，丹霞山一带相对下陷，形成一个山间湖泊。

这时，四周的溪流雨水年复一年地将泥沙碎石冲入湖盆，在高温之下，泥沙中的铁在沉积中变成了三氧化二铁。在高压之下，又凝结成红色的沉积砂岩。

■广东丹霞山全景

湖盆 指蓄纳湖水的地表洼地。湖盆底部的原始地形及平面形态，在颇大程度上取决于湖盆成因。根据湖盆形成过程中起主导作用的因素，湖盆概括为由地壳的构造运动形成的构造湖盆，因冰川的进退消长或冰体断裂和冰面受热不匀而形成的冰川湖盆，火山喷发后火口休眠形成的火口湖盆和有大陨石撞击地面形成的陨石湖盆等。

■ 广东丹霞山茶壶峰

到了5000万年前左右，又一次的地壳运动将丹霞这个湖盆抬升，湖底变成了陆地。在陆地继续抬升的过程中，岩体大量断裂，加上锦江及其支流的切割，风霜雨雪的侵蚀，坚硬的粗石砾岩与松软的粉沙砂岩出现程度不同的分化和崩塌，松软的砂岩层形成了水平槽、燕岩、书堂岩、一线天、幽洞通天等。

那些坚硬的砾岩则突出成为悬崖、石墙、石堡和石柱，如巴寨、茶壶峰、阳元石、望夫石、丹梯铁索等。千奇百怪、诡异万状的"丹霞地貌"，就在这大自然鬼斧神工的雕琢中形成了规模。

因其山石是由红色沙砾构成，所以人们命名为丹霞山。丹霞山由红色沙砾岩构成，以赤壁丹崖为特色，是发育最典型，类型最齐全，造型最丰富，风景最优美的丹霞地貌集中分布区，被称之为"中国红石公园"。

丹霞山主峰海拔409米，与众多的名山相比，并不是很高，也不是很大，但它集黄山之奇、华山之险、桂林之秀于一身，具有一险、二奇、三美的特点。

■ 广东丹霞山海螺峰

　　丹霞山的岩石含有钙质、氢氧化铁和少量石膏，呈红色，是红色砂岩地形的代表，为典型的丹霞地貌。沿层次可以划分为上、中、下三层以及锦江风景区、翔龙湖和被誉"为天下第一奇景"的阳元山风景区。

　　丹霞山的上层是三峰耸峙，中层以别传寺为主体，下层以锦石岩为中心。上层有长老峰、海螺峰、宝珠峰，阳元山和阴元山。

　　长老峰上建有一座两层的"御风亭"，是观日出的好地方。在亭上可看到周围的僧帽峰、望郎归、蜡烛峰、玉女拦江、云海等胜景。

　　海螺峰顶有"螺顶浮屠"，附近有许多相思树。下有海螺岩、大明岩、雪岩、晚秀岩、返照岩、草悬岩等岩洞。宝珠峰有虹桥拥翠、舵石朝曦、龙王泉等。

　　下层主要有锦岩洞天胜景。在天然岩洞内有观音殿，大雄宝殿，在洞中，还可看到马尾泉，鲤鱼跳龙门等风景。

　　这里有一块很著名的"龙鳞片石"，随四季的更换而变换颜色。下层景区要钻隧道、穿石隙，较为刺激。

　　丹霞山下有一条清澈的锦江，环绕于峰林之间，沿江两岸上分布

■ 广东丹霞山层状
陡崖坡

有大量的摩崖石刻。

另外，丹霞山还有佛教别传禅寺以及80多处石窟寺遗址，历代文人墨客在这里留下了许多传奇故事、诗词和摩崖石刻，具有极大的历史文化价值。

丹霞山在地层、构造、地貌表现、发育过程、营力作用以及自然环境、生态演化等方面的研究，在全国的丹霞地貌区中是最为详细和深入的，向来都是丹霞地貌的研究基地以及科普教育和教学基地。

丹霞山地貌几乎包含了亚热带湿润区所有的种类，群峰如林，疏密相生，高下参差，错落有序。山间的高峡幽谷，古木葱郁，淡雅清静，风尘不染。锦江秀水纵贯南北，沿途丹山碧水，竹树婆娑，满江风物，一脉柔情。

丹霞山的主要地貌包括丹霞崖壁、丹霞方山、丹霞石峰、丹霞单面山、丹霞石墙、丹霞石柱、丹

石窟寺 佛教建筑有许多种类，石窟是其中最古老的形式之一，在印度称为"石窟寺"，是指就着山势，从山崖壁面向内部纵深开凿的古代庙宇建筑，里面有宗教造像或宗教故事的壁画。

霞丘陵、丹霞孤峰、丹霞孤石、崩积堆和崩积巨石等类型。

丹霞山主要地貌中的丹霞崖壁也就是赤壁丹崖，它是丹霞山最具有特色的景观。大尺度的如锦石岩大崖壁和韶石顶大崖壁，高均超过200米，长度超过2千米，成为天然的地层剖面。

发育在软硬相间的近水平岩层上的陡崖坡，岩性的差异造成风化与剥蚀的差异，往往发育成层状陡崖坡，如海螺峰东、西两坡等。

丹霞山主要地貌中的丹霞方山，也称石堡，山顶平缓，四壁陡立，最著名的是丹霞山主峰巴寨大石堡，海拔618米，长约500米，宽近300米，高200多米，是一处典型的发育到老年阶段后又被抬升的高位孤峰。

丹霞山各景区都有大型丹霞石墙分布，最壮观的是阳元山八面大石墙构成的群象出山景观，大小不

061

红色沃土

丹霞组合

■广东丹霞山锦江

沟谷 暴流侵蚀所成的槽形洼地，小的仅长十余米，大的可达数十千米。在沟谷发育过程中，除流水冲刷外，跌水、涡流和重力崩塌等都起着重要作用。

等，高低不同的石墙构成了一个富有动感的大象家族走向锦江的景象。

丹霞山的孤立石柱千姿百态，在各大景区均有分布，以丹霞景区最多。其中造型最奇特者为阳元石，而蜡烛石相对高度达35米，但基部最细的部分直径不足5米，是最细长的丹霞石柱，高度和直径的比例是7比1。

观音石从与观音山分离处算起相对高度达143米，是相对高度最大的石柱，而茶壶峰的周围则被5个高达50米至100米的石柱环绕。

丹霞山的其他地貌构成了一个完整的系统，有丹霞沟谷、顺层岩槽、丹霞洞穴、丹霞穿洞、丹霞石拱和丹霞壶穴等。

丹霞沟谷包括了宽谷、深切曲流、峡谷、巷谷和

■ 广东丹霞山峰窝状洞穴

线谷等。流经丹霞山区的主河道如锦江和浈江河谷多宽谷，顺构造破碎带和继承原始洼地下切而成。局部仍然保持曲流下切，形成峡谷状的深切曲流。

丹霞山最长、最深的巷谷为韶石顶巷谷，深约200米，长约800米，是发现的最大的丹霞巷谷。

最奇特的巷谷是姐妹峰巷谷群，十余条巷谷纵横交织，把个山块切割的支离破碎，大部分巷谷直接连接，部分在底部由穿洞连接，状若迷宫，内部有崩塌、错落、洞穴、钟乳石，还有古山寨及古人生活遗迹等。

丹霞山的穿洞、石拱和天生桥是一大特色，已发现的多种成因的穿洞与石拱达60多处。

丹霞山的每个基岩河床上，水流携带卵石做旋转运动，磨深凹下之处，均发育了口小肚大的壶穴群，扩大加深可形成深潭。飞花水瀑布上游基岩河谷，发育了串珠状的壶穴群。

丹霞山峰窝状洞穴是该类微地貌的命名模式地，在丹霞山已发现多处。以锦石岩洞穴内的龙鳞片石最为典型，在洞壁砂岩层表面，形成宽约一米并横过整个后壁的小型蜂窝状洞穴带。

另外，丹霞山群具有丰富的地貌组合类型，总体上构成了簇群式丹霞峰林峰丛典型区。

■广东丹霞山阳元石

地貌 即地球表面各种形态的总称，也叫地形。地表形态是多种多样的，是内、外力地质作用对地壳综合作用的结果。内力地质作用造成了地表的起伏，控制了海陆分布的轮廓及山地、高原、盆地和平原的地域配置，决定了地貌的构造格架。而外营力地质作用通过多种方式，对地壳表层物质不断进行风化、剥蚀、搬运和堆积，从而形成了现代地面的各种形态。

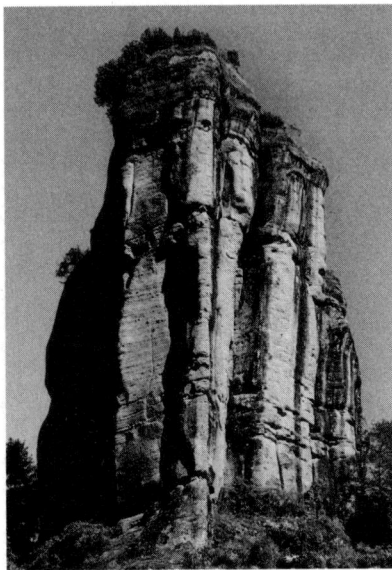
■ 广东丹霞山石峰

元古代 地质年代的第二个代，约开始于24亿年前，结束于5.7亿年前的"生命大爆发"。这一时期，陆地在那时大部仍然被海洋所占据，地壳运动剧烈，出现了若干大片陆地。在我国，许多地区已经露出海面而成为陆地，而西藏的大部分仍然被海水占据。

丹霞地貌以造型丰富而著称，丹霞山更是山奇、石奇、洞奇、沟谷也奇，奇得让人不敢相信是自然的造化，其中阳元石被称为"天下第一奇石"。它和阴元石、双乳石则构成"三大风流石"组合。因此阳元石、龙鳞石、观音石和望夫石被称为"丹霞四绝"，而阳元石、阴元石像逼真的男女生殖器，所以丹霞山又被称为"天然裸体公园"。

丹霞山以典型丹霞地貌为主体的连片的自然区域，保持了丹霞地貌和森林生态系统的完整性以及珍稀濒危物种生态环境的完整性。

锦江和浈江沿途丹山碧水相映，构成秀美的山水景观，是亚热带常绿阔叶林保存最好的地方之一，红色山群宛如绿色海洋中的一颗颗红宝石，它们构成了丹霞山极具美学价值的景观系统。

从形式美学来看，丹霞山具有丰富多彩的山石形态美，疏密相生、组合有序的山群空间结构美，高下参差、错落有致的山块韵律美，丹山、碧水、绿树、蓝天、白云一起组成的色彩美。

从意境美学来看，赤壁丹崖的崇高与险峻，造型地貌的神奇与精绝，山水田园的雅秀与恬淡，沟谷茂林的幽深与清静，云遮雾障的奥妙与奇幻，使丹霞山获得"非人间"的自然意境美，"世界丹霞第一山"的称号受之无愧。

丹霞地貌是大陆性地壳，发育到一定的阶段后出现的特殊地貌类型，丹霞盆地发育在具有晚元古代基底的华南板块南岭褶皱系中央部位，是南岭褶皱系区域地壳演化的缩影。

反映了华南地壳由活动区转变为稳定区，并再度活化的特定演化历程，具有突出普遍的地球科学价值，对于构建我国丹霞整体演化系列具有不可替代的作用。

丹霞盆地在白垩纪中期大规模沉降之前的双峰式火山活动，反映了板块边缘消减带深部作用对大陆内部岩浆活动的影响，显示了板块内部活化的特殊底辟式弧后裂陷盆地模式，与边缘弧后拉张盆地和大陆裂谷盆地有着巨大的差异。

广东丹霞山龙鳞石

地理恩赐

地质蕴含之美与价值

演化 又称进化，指生物在不同世代之间具有差异的现象，以及解释这些现象的各种理论。演化的主要机制是生物的可遗传变异，以及生物对环境的适应和物种间的竞争。自然选择的过程，会使物种的特征被保留或是淘汰，甚至使新物种诞生或原有物种灭绝。

■ 广东丹霞山景物

丹霞山总体上处于地貌发育的壮年期阶段，但具有地貌发育的多期性，新近纪以来盆地的多期差异抬升，使得盆地保留了不同演化阶段的地貌。

丹霞盆地仍然处在继续抬升的状态下，进行中的地质地貌过程表现得非常清晰，是丹霞地貌演化的现场博物馆。

丹霞山是湿润区丹霞地貌的精华和代表，包含了湿润区低海拔丹霞的所有主要类型和重要特征，发育其上的丹霞生态系统和物种多样性，构成了这类地貌区独特的自然地理特征和卓越的自然品质。

从生物生态学的价值来看，丹霞山基本上保持了自然生态环境的独立性和完整性，孕育出了特有的陆地生态系统、特有的生物多样性和特有的物种，是大量珍稀濒危物种的栖息地和晚近地质时期生态演替的典型区。

丹霞山的热带物种成分多，其中的沟谷雨林特征最为突出。山区小生境复杂，导致生物群出现了剧烈的空间分异，是丹霞地貌生态分异、丹霞生物谱系、丹霞"孤岛效应"与"热岛效应"研究的模式地，为生态系统的多样性与物种多样性相互关系的研究提供了十分珍贵的对比资料，具有重要的生态系统管理研究价值。

■ 广东丹霞山沟谷雨林

丹霞山是处于壮年中晚期、簇群式的丹霞地貌，表现为山块离散、群峰成林、高峡幽谷、变化万千，被评为"中国最美的丹霞"。

阅读链接

很久以前，南海有个天帝叫"倏"，北海有个天帝叫"忽"，中央的天帝叫"混沌"。"倏"和"忽"常到"混沌"那里去做客，"混沌"招待他们非常周到。

后来，"倏""忽"二帝想报答"混沌"的恩德，就商量着给模糊一片的"混沌"脸面也凿出眼耳口鼻七窍来。想不到一番斧凿之后，倏忽之间，"混沌"便呜呼哀哉死去了，中央这块皇天后土也便五彩缤纷有了眉目，有了高低错落与山河洞穴，宇宙世界也因之诞生了！

而丹霞山正是"混沌天帝"的头面部分，是"倏""忽"着意雕琢的重点部位，因此，从风采颜色到各种物态造型样样齐全。丹霞山拥有如此奇伟的地貌和瑰丽的风光，就是在"倏""忽"二帝的刀凿之下形成的。

江西龙虎山的丹霞绝景

东汉中叶，正一道的创始人张道陵在江西鹰潭龙虎山炼丹，传说"丹成而龙虎现，山因得名"。

龙虎山丹霞面积200平方千米，是我国丹霞地貌发育程度最好的地区之一，也是我国壮年晚期丹霞地貌的典型地区。它的美妙在于其山水和其崖墓群构成了"一条涧水琉璃合，万叠云山紫翠堆"的奇丽景象。

江西龙虎山陡崖

龙虎山丹霞所处的江西省东北部，是信江中生代红色盆地，位于扬子古板块与华夏古板块结合带的东段，南靠武夷山隆起带，北临信江河谷。信江盆地上的白垩统河口组和塘边组是丹霞地貌发育的物质基础。

信江河谷两侧主要为准平原化的低丘岗地，零星残留着孤峰

■ 江西龙虎山美景

或孤石，只有龙虎山和龟峰等地保存着峰丛、峰林、孤峰、残丘等地貌组合，像两大盆景屹立于准平原化的信江盆地南缘。

龙虎山丹霞地貌总体地势南高北低，海拔多在300米以下。其中丹霞地貌区最高峰是龟峰的排刀石，海拔401米，最低点48米，最大相对高度353米。

龙虎山丹霞地貌类型典型多样，分布集中，具有很高的科学价值和审美旅游观赏价值。区内丹霞地貌成因类型大致有水流冲刷侵蚀型，这是最主要的方式，景观代表有一线天、陡崖、嶂谷等；有崩塌残余型，以象鼻山、仙桃石为典型代表；有崩塌堆积型，以莲花石、玉梳石为典型代表；有溶蚀风化型，以丹勺岩、仙女岩、仙人足迹为典型代表；有溶蚀风化崩塌型，以仙姑庵最为典型。

在形态上，龙虎山丹霞有石寨、石墙、石梁、石

中生代 是显生宙的三个地质时代之一，可分为三叠纪，侏罗纪和白垩纪3个纪。在希腊文中，中生代意为"中间的"加"生物"。中生代介于古生代与新生代之间。由于这段时期的优势动物是爬行动物，尤其是恐龙，因此又称为爬行动物时代。

地理恩赐

地质蕴含之美与价值

■ 江西鹰潭龙虎山

一线天 我国名山奇峰中常有的石景，因两壁夹峙，缝隙所见蓝天如一线而得名，较为知名者有峨眉山、华山、黄山、江郎山、武夷山、三清山等处的"一线天"美景。从地质学的角度来看，最常见的"一线天"大都出现在石灰岩地区，是一种特殊的侵蚀地貌，但也有"一线天"是由断层形成。

崖、石柱、石峰、峰丛、峰林、一线天、单面山、猪背山、蜂窝状洞穴、竖状洞穴、天生桥、石门等，并有各种拟人似物优美绝伦的造型地貌。

源远流长的道教文化、独具特色的碧水丹山和千古未解的崖墓群之谜构成了龙虎山风景旅游区自然景观和人文景观的"三绝"。

龙虎山丹霞分为仙水岩、龙虎山、上清宫、应天山、鬼谷洞5个景区，景区之间以泸溪河为纽带，呈串珠式分布。由红色沙砾岩构成的龙虎山共有99峰、24岩、108处自然及人文景观，奇峰秀出，千姿百态。主峰海拔247米，秀美多姿。

景区内的丹霞地貌类型多样，较为集中地分布于龙虎山和仙水岩景区，面积约40平方千米。分布上由南到北，地形上由高到低，景观由密到疏。

流经景区的泸溪河长43千米，似一条蜿蜒的玉带，由东南至西北将两岸的丹崖地貌景观巧妙地串联起来，山立水边，水绕山转，山水交融，相互映衬。

从龙虎山山麓沿泸溪河乘竹筏西行，在3.5千米之内就分布有100多座山峰，其中最著名的就是被称为"仙水岩"的24座山峰。

这里的清溪绕山蜿蜒、奇峰横卧碧波，四野景色美不胜收，有"小漓江"之称。两岸的岩石千奇百怪、气象万千，特别是著名的"十不得"岩石景观，惟妙惟肖、妙趣横生。

龙虎山的仙水岩地区，岩洞密布，向阳、避风、干燥、险要，为崖墓葬的形成提供了优越的条件。

龙虎山的崖墓数以百计，大都镶嵌在距水面35米至50米的悬崖峭壁之上，远远看去高低不等，大小不一，随着洞穴的变化而变化，整个崖墓群如同一幅巨大的画卷，形成了奇特的景观。

崖墓群"悬棺"的棺木大都使用巨大整段的楠木

崖墓 又称岩墓、蛮子洞、仙人洞，是古代墓葬的一种构造形式。其特征是沿着浅丘、山谷的砂质岩层由人工凿成方形洞穴，然后安葬遗体和殉葬品。崖墓在东汉时期风行一时，在很多地方一直延续到明清。

红色沃土

丹霞组合

■ 江西鹰潭龙虎山

■江西龙虎山金枪峰

剞制而成，大小不一，形式迥异。有巨大的可容葬十余人的"船棺"，有造型如古屋的"屋脊棺"，有圆筒独木的"独舟棺"，也有"方棺"，还有微型的"二次葬"用的"骨灰盒"。

龙虎山崖墓群是我国最早的崖墓群，是我国崖墓的发源地，被誉为"天然考古博物馆"，堪称世界一绝。除分布最集中的仙水岩外，马祖岩、金龙峰及周围地区也有零星的分布。

龙虎山是我国道教发祥地，道教正一派"祖庭"，位居道教名山之首，被誉为道教第一仙境。上清宫和嗣汉天师府得到历代王朝多次赐银，进行了多次扩建和维修，宫府的建筑面积、规模、布局、数量、规格创道教建筑史之最。

据记载，龙虎山在鼎盛时期共建有道观80余座，道院36座，道宫数个，是名副其实的"道都"。

龙虎山的应天山象山书院还是我国古代哲学中"顿悟心学"派的发源地，金龙峰马祖岩是禅宗史上贡献最大的禅师之一的马祖道早期参禅悟道的场所。

道教 是我国土生土长的宗教，道教起源于上古鬼神崇拜，发端于黄帝和老子，创教于张道陵，以"道"为最高信仰，以神仙信仰为核心内容，以丹道法术为修炼途径，以得道成仙为终极目标，追求自然和谐、国家太平、社会安定、家庭和睦，充分反映了我国人民的宗教意识、性格心理和精神生活。

有道是"山不在高，有仙则名"，浓厚的道教文化氛围无疑又为龙虎山添上了浓墨重彩的一笔。

龙虎山丹霞包含了我国亚热带湿润区丹霞单体与群体的重要形态类型。几乎涵盖了亚热带湿润区的所有种类，包括丹霞崖壁、石寨、石墙、石峰、石柱和丹霞洞穴、丹霞沟谷及奇绝罕见的象形丹霞等，其形成过程和阶段的证据保存良好。

龙虎山的丹霞群体形态类型以侵蚀残余的平顶型和圆顶型峰丛、峰林与孤峰残丘并存为特色，是疏散型丹霞峰林地貌的模式地。

其中，龙虎山泸溪河近岸带和龟峰以峰林型丹霞地貌为特点，排衙峰以峰丛型丹霞地貌为标志，马祖岩、南岩以孤峰型和丘陵型丹霞地貌为特色。

阅读链接

龙虎山有202座悬棺群，抖落尘封千年的黄土，时与空变得茫然交离，宇与宙显得幽深玄迷。专家认为，龙虎山的崖墓悬棺群，已经有近3000年的历史了，是古越人所葬。

这些崖墓群镶嵌在陡峭的石壁上，犹如陈列在巨大的历史长廊中的文化珍品。岩洞棋布，高低错落，不可胜数，遥望绝壁之上历经千年的淡黄色的棺木崖穴，令人心生喟叹。

龙虎山崖墓下临深渊，地处绝壁，那么古越人是如何将棺木放入洞内？崖墓里葬的又是什么身份的人？古越人为何采用绝壁洞穴墓葬？重重悬疑背后，到底隐藏着一种什么样的文明形态？

千百年来，这些疑问一直都没有被解开，为龙虎山崖墓蒙上了更深一层的神秘色彩，众多的专家学者为它皓首穷经，欲解其谜。

猪八戒督造的龟峰丹霞

　　传说在很久以前，江西上饶的信江南岸是水乡泽国，因猪八戒触犯天规，被玉帝贬下凡尘，后来猪八戒投靠东海龙王敖广之后，为了感谢龙王，猪八戒就奉命督造水底别墅，建成了"龟峰别墅"。

　　后来，猪八戒出主意，请西海龙王敖闰前来参观，东海龙王和西海龙王兄弟之间存在很深的矛盾，向来不和。于是，在宴席上的西海

■龟峰景区

■ 江西龟峰风光

龙王心生歹意，就想夺龟峰别墅占为己有，他们借酒斗棋，以赌龟峰别墅归属。

东海龙王不知是计，欣然应允，没想到西海龙王耍诈，赢了东海龙王。东海龙王气愤不已，当即推翻之前的赌注。就这样，敖广和敖闰又结下新仇，并且双方之间的战事不断。

战败的东海龙王一气之下，施法吸干了海水，使龙宫露出地面，在战争中战死的龟兵龟将幻化成石。从远处观望，整个龙宫就像一只硕大无比的昂首巨龟，无山不龟，无石不龟，所以得名为龟峰，向来都有"江上龟峰天下稀"的美誉。

据说，在明正德年间，弋阳人大理寺少卿李奎，看见龟峰如圭璋、圭璧，为了避"龟"俗之嫌，龟峰曾一度更名为圭峰。

事实上，龟峰丹霞发育于距今1.35亿年的白垩纪晚期，属于典型的丹霞地貌。由红色砂岩经过地壳上升运动而形成，是我国东南地区典型的丘陵地貌。

龟峰风景优美，奇峰如画，这里山峦峻峭，峰岩

猪八戒 《西游记》中唐僧的二徒弟，法号悟能，是天蓬元帅，因调戏霓裳仙子被逐出天界，到人间投胎，却又错投猪胎，嘴脸与猪相似。他会变身术，能腾云驾雾，使用的兵器是九齿钉耙。猪八戒被孙悟空收服，从此成为孙悟空的好帮手，一同保护唐僧去西天取经，为唐僧西天取经立下汗马功劳，是个被人们喜爱同情的喜剧人物。

■ 江西龟峰观山道士

秀逸，怪石嶙峋，岩洞幽奇。云海层层，雾涛翻滚，朝阳似火，晚霞溢金。苍松挺拔，翠竹亭亭，草木葱茏，四季花香。

林间珍禽和鸣，山涧怪兽出没。清泉细无声，雨花来无际。真可谓三十六峰，峰峰奇特，八大景观，景景壮观。其造型玲珑别致，形象生动逼真，峰石千姿百态，如人、如物、如禽、如兽。

明代著名的地理学家、旅游家徐霞客在《徐霞客游记》中写道：

盖龟峰峦嶂之奇，雁荡所无。

徐霞客（1587—1641），名弘祖，字振之，号霞客，明南直隶江阴人。我国伟大的地理学家、旅行家和探险家，我国地理名著《徐霞客游记》的作者，被称为"千古奇人"。他把科学和文学融合在一起，探索自然奥秘，是世界上第一位石灰岩地貌考察学者，其见解与现代地质学基本一致。

龟峰有"绝世三奇"，即独步天下的龟形丹山之奇，天造地设的洞穴佛龛之奇和千古流芳的仁人志士之奇，集"绿色""古色"和"红色"旅游为一体。

"绿色"是以龟峰为代表的自然风景观光区，森林覆盖率达到80%，有国家级森林公园和"三十六峰八大景"。"古色"是以南岩寺为代表的宗教文化区，有唐宋时期佛雕40余座，是佛教禅宗的发祥地之一，而且历史上这里儒、佛、道三教融合。

龟峰园区丹霞地貌景观类型齐全，以石墙、石梁、石柱、石崖、峰丛、嶂谷、单面山、猪背山、造型石、扁平洞、蜂窝状洞穴等地貌类型最为壮观。

区内奇峰异石随处可见，流泉飞瀑悬空而挂，丹崖赤壁倒映在碧波荡漾的清水湖中，加上厚重的历史文化背景，更增添了龟峰的无限色彩。

龟峰丹霞的石峰数量众多，其特征为四周陡峻，顶部较尖而浑圆，基座较大。大多处在多组节理的控制之下，经流水沿节理面或裂隙长期冲刷和侵蚀，加上重力、崩塌等作用形成。

龟峰内的金钟峰、文豪峰、仙桃石、僧尼峰、金龙峰、螺丝峰、大佛峰等都是十分典型的丹霞石峰。

龟峰丹霞的山崖种类多，分布广泛，几乎山山有崖。石崖类型多样，有的平如斧劈，有的凹凸有致，有的曲直有序，有的怪异奇特，有的小巧玲珑，有的雄伟壮观，有的俯视深不可测，有的仰观高耸入云，有的飞雨满天，绚丽多姿，其中的天女散花大赤壁为赤壁丹崖的典型代表。

龟峰丹霞的石柱形状多，呈柱状、棒状或宝塔状的丹霞山峰，其高度远大于断面直径，四周为丹崖，围成孤立状。区内的石柱数量虽然不多，但是却有极高的观赏价值和艺术价值，这些石柱中以雄霸天下最为著名。当立于石柱下仰望，只见一柱冲天而起，蓝天白云之下具有永不言败之势，给人以力量和自信，美

节理 岩石中的裂隙，其两侧岩石没有明显的位移。地壳上部岩石中最广泛发育的一种断裂构造。通常受风化作用后易于识别，在石灰岩地区，节理和水溶作用形成喀斯特。岩石中的裂隙，是没有明显位移的断裂。节理是地壳上部岩石中最广泛发育的一种断裂构造。

红色沃土

丹霞组合

■ 江西龟峰石柱上的洞穴

江西龟峰悬崖

不胜收。

龟峰丹霞的地貌形态多样，石墙、石梁为长条状、线状地貌形态，山体顶部窄而小，四周皆为陡直的丹崖所限，当岩壁陡立平整呈墙状时称为石墙，当山体呈屋梁状时称为石梁。

在众多的景观中，骆驼峰最具特色。骆驼峰既是走向峰顶的石梁，又是石墙。其两侧为悬崖绝壁，长约1千米，宽约25米，海拔高362.6米。横切骆驼峰的垂直节理使顶部呈波状起伏犹如驼峰，十分宏伟壮观。

骆驼峰以险峻、峭拔、雄伟、象形称雄整个龟峰。在通往骆驼峰极顶的主道上有七道天险：

一是鲫鱼背，东面是万丈绝壁，西面是千丈悬崖。

二是登云梯，此梯上下悬空架在绝壁上，是登骆驼峰的唯一通道。

三是"一线天"，一线天比"天然三叠"处的一线天险峻数倍。

地理恩赐

地质蕴含之美与价值

江西龟峰骆驼峰

■ 江西龟峰山峰

四是飓风峡，走过一线天，来到飓风峡，此处"山高月小""狂风如电"，虽然风光无限，却令人胆战。

五是"壁虎崖"，这是骆驼峰极顶的最后一道难关，能通过的人少之又少，所谓"壁虎崖"，就是说无壁虎游墙绝技，莫想上得去。

六是断魂沟，上得骆驼峰，过不了这个天然裂缝，也难窥见骆驼峰极顶的无边秀色。

七是决胜坡，此处倾斜度达45度，要想看到整个龟峰及其周围七八个县市甚至更远处的绝景，必须小心谨慎。

古人常说：

无胆莫上骆驼峰，上得驼峰真英雄。

龟峰的丹霞洞穴主要有两种，一种是蜂窝状洞穴，另一种为扁平洞。蜂窝状洞穴在龟峰较为常见，

古人 指过去的人，随着时间向后的迁移，只要到人世间来过一趟的人都要成为古人。差别只在于时期或时代不同。也泛指过去的，在社会上有一定影响的名人。

■ 江西龟峰

且多发育在崖壁上，以展旗峰和朝帽峰崖壁上的洞穴最为突出。其形状多为长条形，长轴常与岩层的走向一致。这些大小不等，深浅各异的洞穴顺层密集分布，宛如蜂窝，形成壮观的景象。

扁平洞主要出现在南岩，不仅数量多，而且规模宏大。这些洞穴大都外宽内窄，洞壁较为光滑，多出现在山壁的凹面，为水流侵蚀的结果。在南岩发育的大小洞穴有28处之多，其中最大的南岩寺洞穴长30米，宽70米，高30米，可容纳千余人。

龟峰丹霞具有单面山的特点，龟峰丹霞的单面山沿岩层走向延伸，两坡不对称，沿岩层倾向的坡长而缓，与岩层倾向相反或者与层面接近于垂直的坡面陡而短。

区内发育的单面山数量众多，展旗峰、好汉坡都是其中著名的景点。登上骆驼峰峰顶时，放眼望去，

水力侵蚀 分布最广泛，在山区、丘陵区和一切有坡度的地面，暴雨时都会产生水力侵蚀。它的特点是以地面的水为动力冲走土壤。受水力侵蚀后，不仅表土层受到影响，还会使土壤失去蓄水能力和养分保持力。

在景区的四周低矮丘陵大多数都为单面山，犹以北部和西南部为多。大大小小的单面山形似一个个乌龟，它们有的在匍匐，有的在徜徉，惟妙惟肖，目不暇接。

龟峰丹霞的嶂谷壁坡陡直，深度远大于宽度的谷地。一般谷深远远大于谷宽，两侧谷壁垂直或同斜，谷底平坦或起伏，据其形状可以分为"V"型和"U"型。

当障谷将山体切穿时称为一线天，尚未切穿时称为巷谷。区内发育有多处一线天，其中以骆驼峰一线天最为壮观，全长111米，最高处约33.4米。立足于入口，感觉有如一把利剑将山体劈开，不禁由衷赞叹大自然的鬼斧神工。

龟峰丹霞的龟裂纹是沿层面发育的由近正多边形拼接而成形似龟背的一种收缩节理构造，反映了较为炎热干燥的古气候条件。

据有关地质学家考察，这类丹霞地貌在我国并不多见。而在龟峰，这类型的岩石不但数量多，而且发育完好，特征明显。多个龟裂纹组合排列在一起形成的龟背石，不但具有很高的审美价值，而且具

红色沃土

丹霞组合

■江西龟峰美景

江西龟峰

有很高的科研价值。

龟峰丹霞的造型石是以其独特的造型博得世人青睐的一种特殊丹霞地貌类型，它可以是石峰、石柱，也可以是其他任何一种或多种地貌类型的组合，老人峰、伟人峰、三叠龟等都属于造型石。

这些造型石有的神态肃穆，形如老人，有的生动活泼，形如动物，个个惟妙惟肖，别有情趣。龟峰的老人峰，不但形态极为逼真，而且在不同的观察角度其形态各不相同，具有极高的观赏价值和艺术价值。

龟峰丹霞地貌是由大自然的神工鬼斧造就，它的普世价值在于能够为人们研究和发展地质科学提供第一流的实物样品，而且这些样品每件都弥足珍贵。

地理恩赐

地质蕴含之美与价值

阅读链接

八戒峰是龟峰中的一座山峰，呈三角状，同二郎峰和海螺峰相邻。峰上有一高数十米的奇石，奇石掩在一个小山包之后，伸出头颅，就像猪八戒一样，惟妙惟肖，憨态可掬，令人捧腹。

相传东北龙宫美女如云，好色的猪八戒劣性未泯，经常偷偷溜到龙宫偷看并调戏美女，没想到被宫女发现，弄得自己是进退两难，尴尬异常。

虽然这只是个传说，但是八戒峰逼真的造型、可掬可描的情态，不得不让人惊叹大自然的造化之功。

土林奇观

土林是土状堆积物塑造的、成群的柱状地形，因远望如林而得名，是在干热气候和地面相对抬升的环境下，经暴雨径流的强烈侵蚀、切割地表深厚的松散碎屑沉积物所形成的分割破碎的地形。

又因沉积物顶部有铁质风化壳，或夹铁质、钙质胶结沙砾层，对下部土层起保护伞作用，加上沉积物垂直节理发育，使凸起的残留体侧坡保持陡直。

土林一般出现在盆地或谷地内，主要分布于不同时代的高阶地上，是不同时期形成的，反映了古地理变迁和地貌发育过程。

云南元谋孕育的土林之冠

土林是流水侵蚀的一种特殊地貌形态，它是特殊的岩性组合，在构造运动、气候、新构造运动频繁，地壳抬升速率快，流水侵蚀力强等综合因素的作用下相互影响而形成的。

在150万年前的第四纪早期，元谋地区河流纵横，湖泊密布，森林茂密、动物繁多、气候温和，食物丰盛，是人类先祖元谋人的生活乐园。

元谋土林壮景

星移斗转，原始生态发生变化，河流带来的大量泥、沙、砾石填没了湖泊，摧毁了森林和远古部落，埋葬了部分古人类、动植物和古文化遗址。

之后，新构造运动使平缓的河湖相地层隆起成为丘陵和山

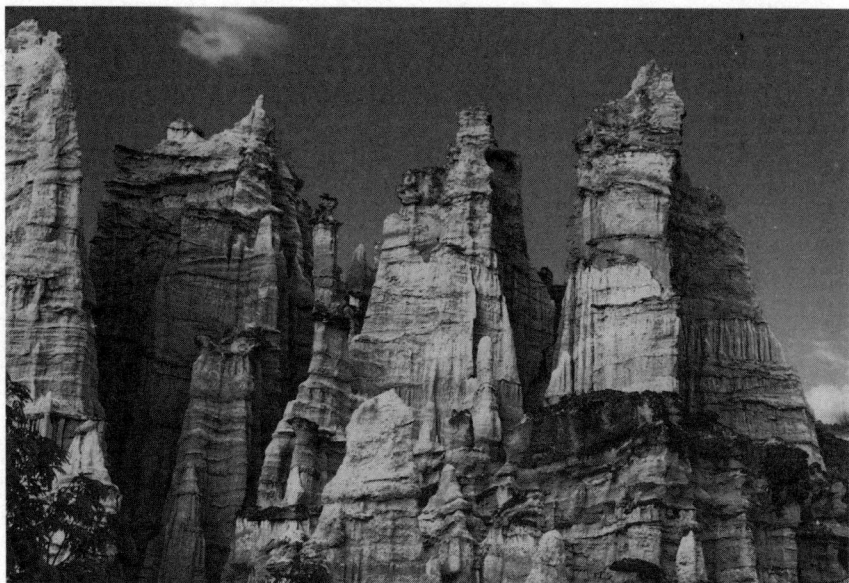

■ 元谋土林壮景

冈，并在局部逐渐发育了铁质风化壳和透镜状胶结构物质。此时的元谋，日照强烈，降雨集中，干湿雨季分明。

气候干燥与降雨量小是土林发育的重要条件，土林的稳定性非常差，因此，一般只在年降雨量小、降雨频率低、雨季短的地方拥有或遗存。

而元谋则正是处于气候干燥、降雨量少、雨季不长的时期，所以对土林的侵蚀量低，非常适合土林的生育发展和保护。

在炎炎的夏季，风雨特别是暴雨成为大自然威力无穷的雕刀，它们将有铁质风化壳遮挡和透镜状胶结构物质黏合的地层，慢慢雕刻成龙柱、宫殿、庙宇、城堡和人物鸟兽等形状，周边松散的堆积层则被流水冲刷、卷走，形成大小不等的冲沟。

年复一年，冲沟不断增加、延伸、扩大，使那

大地之柱

土林奇观

风化壳 地壳表层岩石风化的结果，除一部分溶解物质流失以外，其碎屑残余物质和新生成的化学残余物质大都残留在原来岩石的表层。这个由风化残余物质组成的地表岩石的表层部分，或者说已风化了的地表岩石的表层部分，就称为风化壳或风化带。

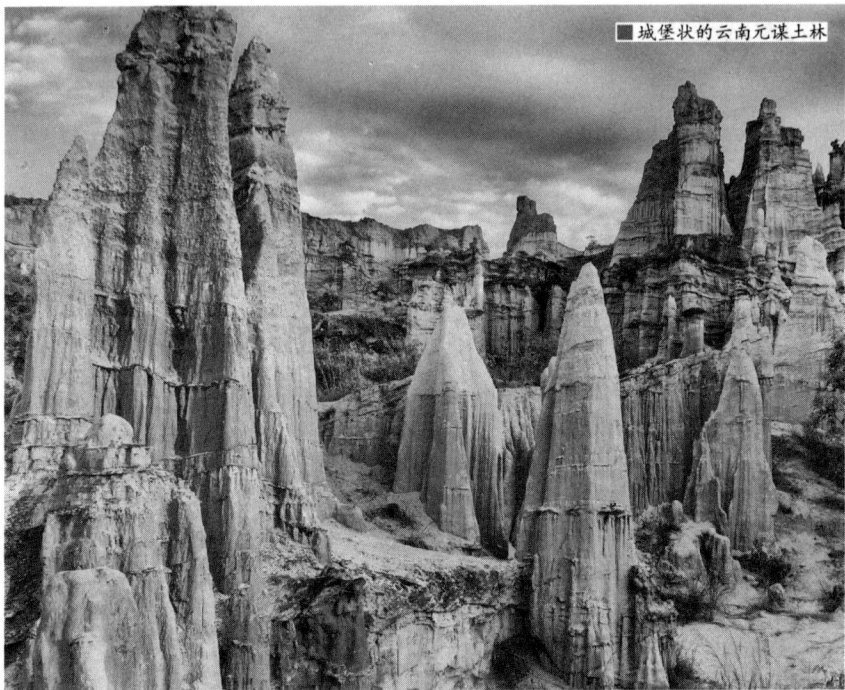
■ 城堡状的云南元谋土林

些戴着黑铁"帽子"的沙土造型更加突出，终于成就了土筑的森林这一千古奇观，形成了罕见的元谋盆地土林群落。

因为受到地壳运动的影响，盆地两侧逐渐被掀起，地层向东倾斜，而土林又是半胶结的土体，成岩度较高，低角度倾斜的岩层为其稳定性提供了有利的条件，这是形成高大土林的又一重要原因。

元谋盆地在第四纪就发育了硅、铅、铁等化学物质组成的风化壳，而发育在土林的风化壳主要是中更新世红色铁质风化壳，褐红色，一般厚0.5米至1米。

土林所在的地貌部位是平缓的丘岗上部或高阶地上，当地壳抬升，河流下切，冲沟发育，形成了土屏、土柱，坚硬的风化壳则起到了对下部松软的土层的保护作用。

土林位于地下水之上的色气带中，根基牢实，较为稳定。而组成土林的半胶成岩度较高的土林对其自身稳定起着决定性作用，多层保护盖层增强了土柱的稳定性，降雨则是影响土林稳定的最主要外在因素。

土林的发育可以分为片蚀、纹沟、细沟阶段，切沟阶段，冲沟、侵蚀盆阶段，宽沟阶段和残丘夷平5个阶段。土林的类型按色彩分有红、黄、白、褐色共4种，按形态分有锥柱状、城堡状、峰丛状、城垣状、幔状和雪峰状等多种。

经过地质研究表明，元谋盆地土林至少发育形成过两次。一次是在60万年前的更新世老冲沟堆积以前形成，后被流水带来的泥、沙、砾石埋没，造成了更大的丘岗。

另一次是在15万年前的晚更新世新冲沟堆积以前形成。元谋土林总是在发育形成——埋没消亡——再发育形成的规律中无限循环。

片蚀 是黄土坡面降雨强度超过地面入渗强度时产生超渗径流，薄层水流及微小股流把表土中的细小颗粒带走，产生土壤侵蚀，并在坡面留下细小纹沟及鳞片状凹地的侵蚀。

■ 壮观的云南元谋土林

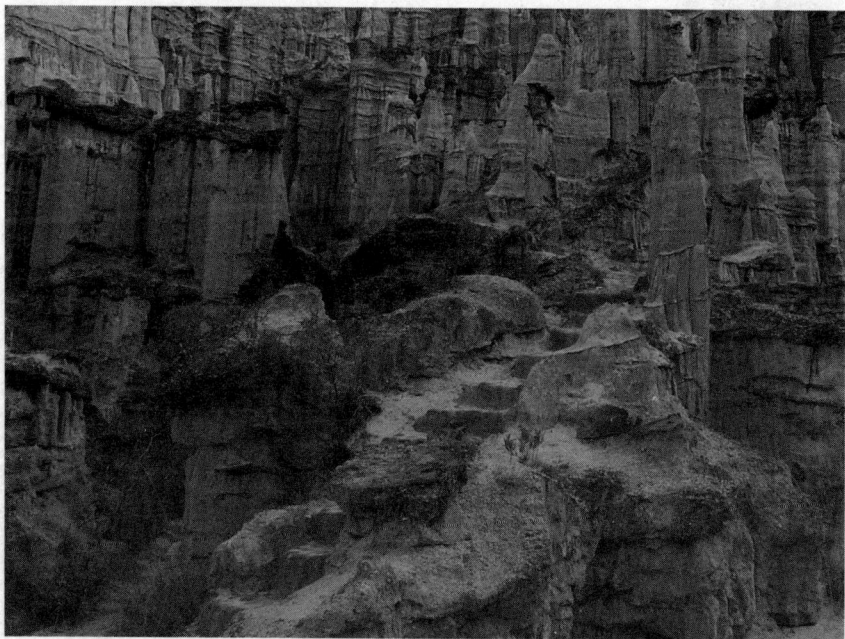

全新世 11500年前的一个地质时代，是最年轻的地质时期。这一时期形成的地层称全新统，它覆盖于所有地层之上。全新世与更新世的界限，以第四纪冰期最近一次亚冰期结束、气候转暖为标志，因此又称为冰后期。

势能 物体由于位置或位形而具有的能量。它是储存于一个系统内的能量，也可以释放或者转化为其他形式的能量。势能是状态量，又称作位能。势能不是属于单独物体所具有的，而是相互作用的物体所共有。

■ 云南元谋虎跳滩土林

土林形成所需要的时间大约在960年至6490年之间。最早形成于全新世的大西洋期，最晚形成于亚太西洋期，高大的土林是全新世亚北方期的产物。

新构造运动不仅提供流水侵蚀的势能，同时也控制了土林的发育走向。

由于元谋盆地新构造运动频繁，使半胶结的地层发育节理和小断层控制了土林发育的主沟，从而形成了区域性控制节理的虎跳滩土林、新华土林、班果土林等多处土林。而这三座土林也一起构成了元谋盆地土林群落中面积最大、景点最壮观、发育最典型、色彩最丰富的土林。

虎跳滩土林距元谋县城32千米，总面积6平方千米，已开发2.2平方千米，景区所在地的海拔在1千米至1.2千米之间，发育于一套河流相间砾石层、沙层夹黏土层的地层中。景区主要由一条主沙箐和34条幽谷组成，分为4个片区，有主景点9个，小景点127个。

土林分布密集，沿冲沟发育，形态多以城堡状、屏风状、帘状、柱状为主，土柱高低不一，错落有

■ 柱状的云南元谋
虎跳滩土林

大地之柱

土林奇观

致，一般高度在5米至15米之间，最高达42.8米。

土柱形状各异，沟壑纵横，荒凉粗犷，密密簇簇，千峰比肩，四周绝壁环绕，两岸陡壁连延，层层土林，莽莽苍苍，何等苍状。其颜色有红色、黄色、白色、褐色等。

正是由于大自然的鬼斧神工和精心雕琢，造就了千奇百怪的沙雕泥塑和诡异迷离的地质地貌，构成了元谋土林这座令人神往的艺术殿堂。

1638年，也就是明崇祯帝朱由检执政期间，我国著名的旅行家、地理学家徐霞客游至云南元谋时，记述了土林的景色：

涉枯涧，乃蹑坡上。其坡突石，皆金沙烨烨，如云母堆叠，而黄映有光。时日色渐开，蹑其上，如身在祥云金粟中也。

新华土林距元谋县城40千米，海拔1.5千米至

云南元谋新华土林

屏风 古时建筑物内部挡风用的一种家具，所谓"屏其风也"。屏风作为传统家具的重要组成部分，历史由来已久。屏风一般陈设于室内的显著位置，起到分隔、美化、挡风、协调等作用。它与古典家具相互辉映，相得益彰，浑然一体，呈现出一种和谐之美、宁静之美。

1.6千米，面积1.4平方千米，发育于湖相沉积的粉细沙层、黏土层夹少量的细砾石层中。土林高大密集，类型齐全，圆锥状土柱尤为发达，一般高3米至25米不等，最高达27米，居元谋土林单体土柱之冠。

新华土林在形状上有圆锥状、峰丛状、雪峰状、城垣状等多种形状。雪峰状土林规模较大，高达40米，在色彩上，顶部以紫红色为主，中上部为灰色，中下部以黄色为基调，其间夹有褐红、灰白、棕黄、灰黑、樱红等多色。

班果土林位于元谋县城西12千米的平田乡东南，面积6.1平方千米，为元谋规模最大的土林，主沟长3.5千米，土柱主要分布于大沙菁及支沟两旁，主要形状以古堡状、城垣状、屏风状、柱状为主，因班果土林是老年期残丘阶段的代表，所以，土林高度一般在5米至15米左右，最高为16.8米。

由于土林发育地层岩性差异，导致色彩不同，但小单元土林色彩单一，有白色土林、褐红色土林、棕黄色土林和浅黄色土林，从整体上看，主要以黄色为主色调。

多年来，许多专家学者都曾到元谋盆地进行过大量的考证。他们发现，在元谋盆地发育土林的层位是一套巨厚层半胶结的河湖相地层。

元谋土林岩性为砾石层、砂层夹薄层黏土和亚黏土，岩层较厚，主要以石英岩、石英砂岩为主，铁质泥质胶结，胶结较紧密，具有较强的抗风能力和抗压强能力，这是形成高大土林及其稳定性较高的主要内在因素。

土林地貌具有较高的观赏价值、科学价值和历史文化价值。

就观赏价值来说，土林的优美度、奇特度、丰富度和有机组合度较好，在优美度方面自然造型美、自然风光美、自然变幻美。

土柱 土状堆积物组成的柱状地形。顶端有一巨砾或石块。由于巨砾周围的地面受雨滴、细流的侵蚀，逐渐降低，而巨砾下面的土层因受到保护，形成土柱。

胶结 在将沉积物压在一起的过程中，受压力的作用，岩石的一些矿物慢慢溶解在水里，于是含有矿物的水溶液就渗入沉积物颗粒间的空隙中。当含有矿物的水溶液中的矿物结晶时，沉积物颗粒被结晶的晶体粘在一起的过程就叫胶结。

■ 白云下的云南元谋土林

水土流失 在水力、重力、风力等外营力作用下，水土资源和土地生产力的破坏和损失，包括土地表层侵蚀和水土损失，也称水土损失。人类对土地的利用，特别是对水土资源不合理的开发和经营，使土壤的覆盖物遭受破坏，土壤流失由表土流失、心土流失而至母质流失，终使岩石暴露。

在科学价值方面，土林是流水侵蚀的特殊地貌，是水土流失的艺术结晶。它虽然容易流失，但并非所有的水土流失都能形成土林，而是在特殊的地质结构、土壤成分、构造运动、水文气候、地形植被等多种因素相互作用条件下方能形成。

因此，系统地研究土林这种特殊的演化、发展、消亡有着重要的科学价值。

在历史文化价值方面，土林风景区内出土的大量动植物化石，周边众多的与土林有着密切联系的史前文化遗迹等一系列古生物、古人类、古文化，对新石器、细石器、旧石器文化遗迹，无不展示了元谋盆地及元谋土林厚重的历史积淀和丰富的文化内涵。

元谋盆地和土林景观是以古人类演化遗迹、地质地貌遗迹为核心的地区，是供古人类、地理、地质、

■ 云南元谋土林美景

■ 夕阳下的云南元谋土林

环境保护等学科开展科研的大型基地。

土林作为珍稀的自然遗产，应加以严格保护，为世界地质及生态环境保护作出积极的贡献。因此，保护土林不仅是元谋的一项重大责任，而且也是我们所有人的共同责任。

阅读链接

土林中多所呈现出的景现，在不同的季节、不同的时间、不同的气候和不同的角度有着不同的韵味，属于"全天候"风景区。

阳光下的土林造型硬朗、醒目、挺拔，一览无余。雨雾中，土林则似显似露，若明若暗，如柔纱缠绕的少女，朦胧含蓄。冬季，土林温暖如春，气候宜人。夏天，景区炎热酷暑，如置身沙海荒漠。

加之土林的稳定性差，易于流失，一些土柱在这一年似鸡，第二年却可能似狗，三五年之后干脆消失得无影无踪，留下一堆白沙黄土，让人们追忆逝去的昨天。

这种罕见的变幻美、朦胧美充满了神秘感，激发了人们猎奇的心理，土林成为了"回头客"最多的风景区，在这里，人们品味着变幻，寻找着消亡，盼望着新生，把自己融入到无生命的土柱之中。

西昌堆积体上的黄联土林

　　黄联土林位于四川省凉山西昌，在安宁河左岸的谷坡地带，因山坡上的黄连树多而得名，是发育在一套冰水冻融泥石流堆积体之上的地貌景观。

　　黄联土林分布面积约1300平方米，海拔约1.5千米，气势宏大，造

■西昌黄联土林

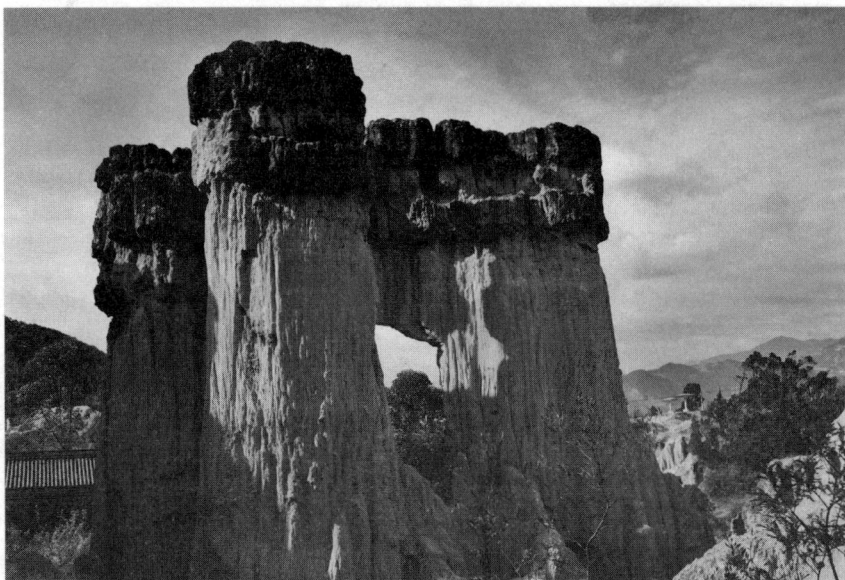

■ 气势恢宏的西昌黄联土林

型各异，有的酷似远古城堡，有的又如茫茫森林，有的似倚天长剑，有的如奔马仰天长啸，有的如熊猫憨态可掬，有的如群猴攀援嬉戏，有的如狮虎据力相争，使得原本就风光秀丽的土林趣味盎然。

西昌黄联土林是经过8000万年至1亿年的沧海桑田和岁月的风刮雨刷而形成的天然杰作，是四川独一无二的"自然雕塑博物馆"。

土林的形状如云南石林，质地却是黄色沙砾岩土。土林顶部的沙粒岩，系胶质钙结，不易被风化冲刷，故能长久挺立不垮塌，形成气势恢宏、奇特壮观的美景。

土林发育区中的堆积物质主要由安宁河谷左岸的泥石流堆积体组成，堆积物的成分主要是黄褐色的粉土和粉砂质黏土，中间夹杂有碎石土层，块碎石的粒径为2厘米至10厘米之间，呈棱角状或次棱角状的砂

剑 我国古代兵器之一，属于"短兵"，素有"百兵之君"的美称。古代的剑是由金属制成，长条形，前端尖，后端安有短柄，两边有刃。我国在商代开始有制剑的史料记载，一般呈柳叶或锐三角形，初为铜制。

■ 西昌黄联土林顶
上的风化壳

淋溶 指的是一种
由于雨水天然下
渗或人工灌溉,
上方土层中的某
些矿物盐类或有
机物质溶解并转
移到下方土层中
的作用。在雨水
充足的地方,淋
溶作用常遗留下
酸性较强且较贫
瘠的土壤,称为
酸性土。

岩碎块。

碎石土层的产状,是展现出来的泥石流堆积扇的产出状态,顺着沟谷向沟口方向呈扇形展布,倾角为6度左右。根据堆积体的物质成分,推测是冰水冻融泥石流。

堆积体呈半胶结状态,胶结类型为铁泥质胶结,中间间或夹杂有薄层的砾石层和碎石层,厚度约5厘米,呈透镜状,微倾下游,倾角小于8度。

堆积体顶部有灰黑色的盖层,称为风化壳,主要物质为硅铝铁质,这些物质较稳定,不易被淋溶,形成后强度较高,抗风化能力较强。

由于堆积体为半胶结状态,容易受到雨水的淋滤冲刷,同时由于顶部的盖层的保护作用,再加上土柱中间的碎石或砾石层起到了类似"箍筋"的作用,保证了土柱的稳定性,这些都为土林的形成提供了重要的物质基础。

其实，在安宁河的河谷两岸，常常可见到这种山前泥石流堆积体，可是并不是所有的堆积体上都能发育成土林，或者发育的土林并不能达到像黄联关镇这里的土林规模。

这是因为土林的形成还与其地貌形态有关，由于堆积体地处斜坡至缓平台的过渡地带，这样的地段常常冲沟发育，沟谷切割较深，为地表水的淋滤作用提供了条件。

通过野外调查发现，在沟谷切割较浅的地方也可以见到土柱的发育，只是这些土柱规模很矮小，形态也很单一。因此不难发现土林的形成与发育与其所处的地貌部位与地貌形态也有着重要的关系。

黄联土林的形成是在该区域新构造运动的过程中完成的，在构造沉降阶段形成了安宁河河谷盆地，接

沟谷 暴流大多由坡地片流汇集而成。因为坡地上地表不是平整的，因而存在局部低平的凹地。在凹地中，它的两侧和上游片流水质点向中间最低处汇集，形成流心线，在此水层增厚，流速加大，冲刷能力增强的情况下，逐渐把凹地冲刷加深形成了沟谷和沟谷流水。

大地之柱

土林奇观

■ 高大的西昌黄联土林

冻融 由于温度周期性的发生正负变化，冻土层中的地下冰和地下水不断发生相变和位移，使冻土层发生冻胀、融沉、流变等一系列应力变形，这一过程称为冻融。我国多属于季节性冻土类型。土地冻融是地质灾害的种类之一。它可产生一系列灾害作用，从而带来一定性的危害。

■ 柱状的西昌黄联土林

受冰水冻融后形成泥石流以及冲洪积物等物质沉积，形成地貌发育的物质基础。

然后是抬升，使得泥石流堆积体被切割形成各种形态的裂缝，形成了土林发育的地形地貌。当然，从另一方面来说，堆积体在沉积的过程中由于物理作用，土体在收缩的过程中也会形成泥裂等裂缝。

当新构造运动转入稳定期后，水流便对堆积体进行侵蚀与淋滤，为土林的形成提供了有利条件。同时，在黄联土林的发育过程中，也少不了伴随着的各种外动力作用，如流水作用、重力作用和物理风化作用等，其中流水作用是最重要的作用。

一方面，地表水流在地表侵蚀下切形成各种形态的沟谷，这些沟谷纵横交错，在原来的堆积体上就形成了土柱、土墙、土屏等地貌形态。另一方面，地表水的淋滤作用与其他的物理风化作用，形成了土林中

大地之柱

土林奇观

千姿百态的景观。

西昌黄联土林夫
妻林

　　土林形成之后，由于物质的特性，决定了土林的稳定性非常差，远不能与石林相比。土林的形成还与其环境气候有关。它需要气候干燥，年降雨量不能过大，降雨频率低，总体上旱季长于雨季。

　　西昌黄联关镇地区属于亚热带高原季风气候，年平均日照时数2431小时，干湿季节分明，雨热同季，且旱季时间长，空气干燥，正好为土林的形成提供了良好的气候条件。这样的气候条件下形成的土林柱体较高大，不易被破坏，在气势上更壮观。

　　黄联土林占地270多公顷，其中包含40多公顷自然景观，配套石榴园26公顷，周边植树造林绿化形成森林面积200多公顷。

　　黄联土林的自然景观以沟壑断崖为界，从北向南

物理风化 又称机械风化，是最简单的风化作用，常见的物理风化的方式有温差风化、冰劈风化、盐类结晶与潮解作用和层裂作用。物理风化作用是指使岩石发生机械破碎，而没有显著的化学成分变化的作用。

西昌黄联土林

自然分成三大板块。第一板块有观月狮、通天门、山中竹笋、峡关要道、氢弹爆炸、整装待发等。

第二板块有雄狮摇头、雌狮摆尾、八百罗汉、金箍棒、何仙姑、双蛙恋、观音菩萨、江山多娇等。

第三板块有蓝天顶峰、擎天玉柱、天山来客、阿诗玛、盘龙望日、夫妻柱、长二捆火箭、待发火箭、哈巴狗、销魂洞等。

这三大板块千姿百态、神形逼真、奇妙无穷，令人流连忘返。

阅读链接

四川省西昌螺髻山是黄联土林中的一个著名景观，是我国已知地中罕见的保持完整的第四纪古冰川天然博物馆。

古冰川遗迹中的角峰、刃脊、围谷、冰斗、冰蚀洼地、冰蚀冰碛湖、冰坎、侧碛垄等古冰川风貌，具有很高的旅游、探险、科考等价值。

其中冰蚀冰碛湖最为壮观，螺髻山冰蚀冰碛湖分布于海拔3650米以上的各期冰围和冰斗中。据不完全统计，终年积水的大小湖泊有50多个，多呈圆形或椭圆形，水面宽度多数为300米左右，湖水深度一般为8米。

冰蚀湖的湖底湖畔多为巨大的石条、石板平铺，部分为裸露基石。所有湖泊的湖周都保存有大量的冰蚀现象和各种冰碛物，湖水则由于基岩颜色、湖周植被或腐殖土、湖中水草等的不同而显现翠蓝、棕红、棕黄、草绿、墨绿等颜色。

阿里在发育成长的扎达土林

扎达土林位于西藏阿里地区扎达县境内，扎达土林地貌是阿里的一大奇观。在地质学上，扎达土林地貌被称为河湖相，成因于百万年的地质变迁。扎达土林从北西到南东，海拔在4.5千米上下，绵延175千米，宽达45千米，是一片貌似北方的黄土高原。

■仍在增长的扎达土林

冈底斯山 横贯我国西藏自治区西南部，与喜马拉雅山脉平行，呈西北、东南走向，属褶皱山。冈底斯藏语意为众山之主，东接念青唐古拉山脉，长700千米，海拔约6千米，是青藏高原南北重要地理界线，西藏印度洋外流水系与藏北内流水系的主要分水岭。

早在245万年至600万年以前，喜马拉雅山和冈底斯山海拔还相对低矮，在这两大山系之间，是一个面积广达70000多平方千米的外流淡水湖盆，来自两大山区的河流，携带了大量的砾卵石、细粉沙和黏土堆积在湖中。

随着高原的不断上升，湖盆逐渐相对下陷，在数百万年间，湖盆中积累了厚达1.9千米的堆积物，主要是夹有砾卵石层的棕黄、褐色或灰黄色的半胶结细粉沙层。

不仅外貌酷似黄土，而且由于有钙质胶结，具有类似黄土的直立不倒与大孔隙等性质，为以后风雨和流水雕琢成各种地貌造型提供了最基本的物质基础。

扎达湖盆在数百万年间经历了沧桑巨变，早期是亚热带森林草原气候，在海拔大约2.5千米的海滨，驰骋着以三趾马和小古长颈鹿为主的动物群，湖中生

■发育中的扎达土林

■ 扎达土林岩石

长着像天鹅绒鹦鹉螺和介形虫等的淡水生物。到了后
期，气候逐渐转凉，扎达湖盆过渡到温带森林气候和
草原气候之间。

从200多万年前起，高原整体出现了大幅度的隆
升，在湖盆与其下游的印度河平原之间形成了巨大的
落差，古扎达湖盆的湖水经由古朗钦藏布急速外泄而
最终流干，暴露出来的湖底地表植被稀疏，在干旱、
寒冷的气候环境中，受到河流和季节性水流的冲蚀，
形成了纵横交错的千沟万壑，原本平坦的高原湖盆面
被深深刻切。

在沟谷之间的悬崖上，雨水和细流沿着垂直的裂
隙或软弱带向下冲刷，较为完整和坚硬的部分被保留
了下来，形成板状或柱状土体，它们突出在崖头或崖
壁上，犹如残墙断垣。

远远望去，整个土体就像是一座森严壁垒的古

高原湖 位于高
原上的湖泊，类
型多样，有构造
湖、堰塞湖、冰
川湖，也有岩溶
湖和风成湖。既
有通过河流与海
相连的外流湖，
又有成为河流尾
间的内流湖。既
有矿化度很低的
淡水湖，又有矿
化度很高的咸水
湖或盐湖。我国
是一个以高原湖
为主的国家，其
中青藏高原上的喀
顺湖，是地球上海
拔最高的湖泊。

地理恩赐

地质蕴含之美与价值

■ 扎达土林奇景

冰塔林 一种罕见的珍稀的景观，在海洋性冰川上不能形成冰塔林，因为它冰温高、消融快、运动的速度也快，冰塔林是大自然慢慢地精雕细刻的作品，只有在大陆性冰川上才可能出现冰塔林，而且还要在中低纬度的地区，高纬度地区的冰川上也不能形成冰塔林。

堡，因此又被称为古堡式残丘。有些板状或柱状的土体则被剥离开崖壁而形成孤立的土柱、土塔，如此柱、塔丛生，便成为了著名的土林。

在扎达土林中有很多形态怪异的土体造型，它们坐落在崖壁和土林上，拟人拟物或拟兽，任凭人们去发挥自己的想象力。

扎达土林高大挺拔，在高原的雪山和蓝天的衬托下别具特色。那些昔日沉积在湖底的岩层，以及包容在岩层内部的古动植物化石，为人们解读高原古地理、古环境的变迁提供直接或间接的证据，成为科学家研究高原隆起的大自然实验室。

在我国广袤的国土上分布着石林、土林、冰塔林等各种特殊的自然景观之"林"，但以景色壮观、气势庞大而论，没有一处能超过扎达土林。

阿里扎达土林里的"树木"高低错落达数十米，千姿百态，别有情趣。

扎达县城外围的山坡上，土林到处都是，其中以毛剌沟的土林最为壮观。这里严整的山体，酷似一座座土城古堡，面积达数百平方千米，浩大壮阔。扎达土林是世界仅见的处于发育和成长期的大型土林，其数千平方千米的规模也属世界罕有。

站在高高的山上望去，但见高平的山顶都被纵向切割侵蚀成一条条深深的沟壑，群山连成巨大的土林耸立其间，土林的深处还隐藏着片片小绿洲，这一地带被地质学家称为"扎达盆地"。

如果从感觉上来看的话，扎达确实有着盆地的特征，但当进入一个建于象泉河畔、托林寺边上的扎达县城时，却会感觉好像置身于河谷之中，完全没有盆地的感觉。

难怪科学家在作出"扎达盆地"的定义后，接着又解释说，"扎达盆地"实际是一条长百余千米，平均宽度约30千米的象泉河谷。

立于盆地之中，人们不仅可以深深体会到大自然

象泉河 又称朗钦藏布，源头位于我国西藏，是西藏阿里地区最主要的河流，同时该河也是印度河最大支流萨特累季河的上游。发源于喜马拉雅山西段兰塔附近的现代冰川，从源头西流至门士横切阿伊拉日居，经扎达、什普奇，穿越喜马拉雅山后流入印度河。

大地之柱

土林奇观

■ 板状的扎达土林

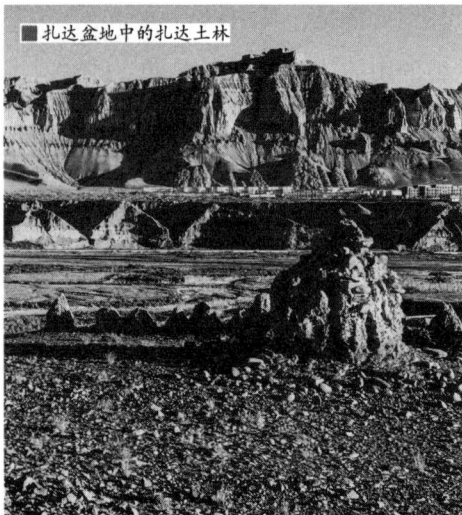
■扎达盆地中的扎达土林

的伟力，更为它的造化所震撼。扎达盆地拥有独特的自然地貌，是地球上规模最大的一片土林。

峡谷与土林层层叠叠，绵延不绝，是一种独特的"水平岩层地貌"，高平的山顶被纵向切割侵蚀成的一条条深深的沟壑，变成了土林的海。

但是人们似乎更愿意相信这是一种艺术，一种大地的艺术，就好像是大自然特意造出来、专门向人类展示其魅力似的。这就不难理解为什么那么多的各学科的科学工作者，包括人文工作者都一直迷恋着扎达的土林。

扎达土林在大气之中还透着秀气以及丝丝的灵气，任何一座土丘，任何一群土山，任何一片土林，都可以让人有所思索，依稀中总是感觉这土林就像是在再现这片土地上曾经发生过的历史一样，充满了神秘。

扎达县城依着托林寺一路向山边发展。托林寺虽然是千年古寺，却也与民居、学校错落相间，你中有我，我中有你。象泉河边的一大片土塔林，就与民居粘得紧紧的。

人们都说阿里扎达的霞光是最美丽的，霞光中的土林是最迷人的。那是水平岩层地貌经洪水

■扎达土林

地理恩赐

地质蕴含之美与价值

冲刷、风化剥蚀而形成的独特地貌，陡峭挺拔，雄伟多姿。

蜿蜒的象泉河水在土林的峡谷中静静流淌，宛若置身于仙境中，梦游一个奇幻无比的世界。明丽的晚霞赋予土林生命的灵光，似一座座城堡、一群群碉楼、一顶顶帐篷、一层层宫殿，参差嵯峨，仪态万千，大自然的杰作真让人惊叹不已。

扎达土林位于这片土林的边缘，象泉河谷的南侧。日落时分，寂寥的村落与大地共融一色，仿佛昭示着世界亘古如斯般平静。

然而，在大约1100多年前，同样的金色余晖中，屹立着的却是强盛一时的古格王国的辉煌宫殿和宏伟寺院。

古格王朝在西藏历史上具有重要的意义，它是吐蕃王室后裔在吐蕃西部阿里地方建立的地方政权，其统治范围最盛时遍及阿里全境。

它不仅是吐蕃世系的延续，而且使佛教在吐蕃瓦解后重新找到立足点，并由此逐渐达到全盛。古格雕

古格王国 是一座高原古城，只剩遗址，位于阿里扎达肥札不让区象泉河畔，古格王国历史的源头，可以追溯到吐蕃王朝的晚期。古格王国对内发展生产，与邻国打仗，都需要人力、财力，但随着藏传佛教势力的扩大，国王与佛教首领之间的矛盾日愈尖锐，导致战争，最终灭亡。

■板状的扎达土林

塑多为金银佛教造像，其中成就最高的是被称为古格银眼的雕像。

而遗存数量最多、最为完整的是它的壁画，全面反映了当时社会生活的各个方面。古格盛产黄金白银，一种用金银汁书写的经书，充分体现了当时皇室生活的奢华程度。

古城的围墙也是石刻艺术的宝库，城墙角的碉堡当年虽是作防御之用，但却是战争与艺术融为一体的结晶。

从残颓的遗址中可以想见，当时的气象之盛，场面之巨，远非眼前这般光景可比，多少会让人在感叹天地造化土林之功的同时，感叹世事的沧桑巨变。

阅读链接

干尸洞被称为古格王国灭亡后的最后一处遗迹，位于古格都城遗址北面600多米远的一处断崖上，是一个阴森恐怖的洞穴。

洞窟开凿在距地表近3米高的山沟崖壁上，洞口很小，宽0.8米，高仅1.2米。走进洞中，散乱的骨骼，让人毛骨悚然。

关于干尸洞内的尸体，据说是古格与拉达克争战时，古格国王在兵败之前，和拉达克人达成城下之盟：同意投降，但不得伤害百姓。

但是拉达克人却背信弃义，将手无寸铁的古格人押解至干尸洞前处以极刑，并抛尸于洞内，将古格残酷灭国。

但是在干尸洞内发现的尸体，究竟是古格王国时期的，还是古格王国以后的？他们的身份究竟是什么？这种置尸于洞内的丛葬，是一种特殊的葬式，还是一种惩罚性的手段？

这都是古格王国的不解之谜。

湿地特色

　　湿地泛指暂时或长期覆盖水深不超过2米的低地，土壤充水较多的草甸以及低潮时水深不过6米的沿海地区，包括各种咸水淡水沼泽地、湿草甸、湖泊、河流以及泛洪平原、河口三角洲等，是陆地、流水、静水、河口和海洋系统中各种沼生、湿生区域的总称。

　　湿地是地球上具有多种独特功能的生态系统，它不仅为人类提供大量食物、原料和水资源，而且在维持生态平衡、保持生物多样性和珍稀物种资源以及涵养水源、蓄洪防旱、降解污染、调节气候、补充地下水、控制土壤侵蚀等方面都起到了重要的作用。

长江下游的肺脏鄱阳湖湿地

湿地形成的原因有很多，如果从广义来说，海岸和河口的潮间带、湖泊边缘的浅水地带、河川行水区附近，都是水分充足的地方，也是最容易形成湿地的地方。

在这些区域里，有的是因为大自然的地理变化，有的是因为人类的开发等外力介入，促成了湿地的诞生。

自然界的力量是无穷无尽的，经由漫长的地理变化过程，造就出

■鄱阳湖湿地的草丛

了许多特殊的地理景观，天然湿地也是这种作用下的产物。最多的湿地出现在河流出海口或河流经过的沿岸，宽广的出海口因为长年淤积而产生泥滩地。

在大陆棚边缘由于潮汐涨退的缘故，有的也会形成滩地。在河口海岸生长的红树林具有阻挡泥沙的功能，所以也会造成湿地生态，而海岸漂沙围成的潟湖，以及隆起的珊瑚礁、裙礁、堡礁、潮地等，都是形成湿地的原因。

在平原及高山上，同样会因为这种不同因素的积水现象，孕育出各种湿地。

例如海水倒灌之后造成海岸边较低地层的积水，老年期的河水改道，旧有河道残留大量积水，内陆的湖泊经过长年的淤沙，或高山冰水退去之后会有大量积水而形成泥滩地，都是形成湿地的天然力量。

鄱阳湖湿地位于江西北部鄱阳县境内。是鄱阳湖在天然、人工、常久、暂时之沼泽地、湿原、泥炭地或水域地带，能够保持静止、流动、淡水、半咸水、

堡礁 又称"离岸礁"，在距岸较远的浅海中，呈带状延伸分布的大礁体，礁体与海岸之间隔着一条宽带状的浅海潟湖，潟湖深度一般不超过100米，宽度达几十千米。它隐没于水下，形成不连续的堤状岛屿，间隔处有水道沟通大洋与潟湖。

■ 鄱阳湖芦苇与湖水

咸水、低潮时水深不超过6米的水域。

鄱阳湖在古代有过彭泽、彭湖、官亭湖等多种称谓，在漫长的历史年代中有一个从无到有，从小到大的演变过程。

远在地质史"元古代"时期，湖区为"扬子海槽"的一部分，大约在八九亿年前的燕山运动时期，湖区地壳又经断陷构成鄱阳湖盆地雏形。

传说中的黄帝时期，"彭蠡泽"向南扩展，湖水进抵到现在的鄱阳湖。在彭蠡泽大举南侵之前，低洼的鄱阳盆地上原本是人烟稠密的城镇，随着湖水的不断南侵，鄱阳湖盆地内的鄱阳县城和海昏县治先后被淹入湖中。

而位于海昏县邻近较高处的吴城却日趋繁荣成为江西四大古镇之一。因此，历史上曾有"淹了海昏县，出了吴城镇"的说法。

易变性是鄱阳湖湿地生态系统脆弱性表现的特殊形态之一：当水量减少以至干涸时，该湿地生态系统

燕山运动 侏罗纪和白垩纪期间我国广泛发生的地壳运动。从一亿三四千万年前开始至6500万年左右，在地史上主要属于侏罗纪末至古近纪初这段时期，我国许多地区的地壳因受到强有力的挤压，褶皱隆起，成为绵亘的山脉，北京附近的燕山，是典型的代表。地质学家把出现在这个时期的强烈的地壳运动，统称为燕山运动。

演潜为陆地生态系统；当水量增加时，该系统又演化为湿地生态系统。

水文决定了鄱阳湖系统的状态。鄱阳湖湿地是一种特殊的生态系统，该系统不同于陆地生态系统，也有别于水生生态系统，它是介于两者之间的过渡生态系统。

有著名学者曾说：

> 鄱阳湖生态湿地，是长江下游气候的肺脏。

鄱阳湖湿地，烟波浩渺、水域辽阔。漫长的地质演变，形成南宽北狭的形状，犹如一只巨大的宝葫芦系在万里长江的腰带上。

受东南季风大量水蒸气的影响，鄱阳湖年降雨量在1000毫米以上，从而形成"泽国芳草碧，梅黄烟雨中"的湿润季风型气候，并成为著名的湿地鱼米之乡。

■鄱阳湖边泥滩

底栖动物 指生活史的全部或大部分时间生活于水体底部的水生动物群。除定居和活动生活的以外，栖息的形式多为固着于岩石等坚硬的基体上和埋没于泥沙等松软的基底中。此外还有附着于植物或其他底栖动物的体表的，以及栖息在潮间带的底栖种类。

从鄱阳湖湿地系统的生物多样性来说，鄱阳湖湿地是陆地与水体的过渡地带，兼具丰富的陆生和水生动植物资源。

鄱阳湖的底栖动物资源是非常丰富的，底栖动物是鱼类和鸟类等的天然食物，也是水环境质量监测指示生物。

鄱阳湖底栖动物有多孔动物门的淡水海绵，腔肠动物门的水螅，扁形动物门的线虫和腹毛虫，环节动物门的寡毛类和蛭类，软体动物门的腹足类和瓣鳃类，节肢动物门的甲壳类、水螨和昆虫，苔藓动物门的羽苔虫。

据调查，鄱阳湖已知的底栖动物有106种，其中包括软体动物87种，水生昆虫5目8科17种，寡毛类12种。

鄱阳湖87种贝类中，腹足纲8科16属40种，双壳纲4科17属47种，其中的40种为我国的特有物种。

鄱阳湖腹足纲的种类主要以中国圆田螺、铜锈环

■ 鄱阳湖湿地景观

棱螺、方形环棱螺、长角涵螺、中华沼螺等分布较广且数量较多，河圆田螺、包氏环棱螺、长河螺、色带短沟蜷等数量稀少。

鄱阳湖底栖动物的分布因水深、水流、底质和水生植物生态类型的种类和数量有显著的差异。在沉水植物区双壳类占绝对优势，其次是湖北钉螺、中华沼螺和纹沼螺。

在菰丛区则主要是腹足类的梨形棱螺、中国圆田螺和中华圆田螺。在河口、河道中有大量的刻纹蚬、背角无齿蚌、方格短钩蜷、铜锈环棱螺、背瘤丽蚌等。

底质有机质丰富的地带，方形环棱螺和中华圆田螺的数量较多。湖中的消落区软体动物贫乏。寡毛类

中华沼螺 贝壳面具有螺旋纹或螺棱呈卵圆锥形，壳面光华，螺塔高，螺层略凸，具有罗坡，壳口周缘厚，有深色框边。屠为石灰质薄片，与壳口同大小。沼螺雌雄异体，雄性交接器官位于颈部背侧。

中华绒螯蟹 又称河蟹、毛蟹、清水蟹、大闸蟹或螃蟹，味道鲜美，营养丰富，是一种经济蟹类，是我国传统的名贵水产品之一。在我国北起辽河南至珠江的漫长海岸线上广泛分布，其中以长江水系产量最大，口感最鲜美。一般来说，大闸蟹特指长江水系江苏阳澄湖的中华绒螯蟹。

和摇蚊幼虫分布全湖，但菰丛区比沉水植物区大，湖西北的密度比湖东南大。

鄱阳湖虾类有8种，占江西已知虾类10种的80%，其中秀丽白虾和日本沼虾为优势种。鄱阳湖有蟹类4种，占江西已知蟹类14种的28.57%。中华绒螯蟹分布在长江和鄱阳湖等地。

当然，鄱阳湖湿地还拥有丰富的鱼类资源和鸟类资源。鄱阳湖已记载鱼类有140种，主要优势种为鲤、鲫、鳊、鲂、鲌、鳤、青、鲢、鳙等。

属国家一级保护动物的有白鲟和中华鲟，二级保护动物有胭脂鱼。

为了保护和合理地利用鄱阳湖渔业资源，江西政

府在鄱阳湖划定了休渔区和休渔期。在每年的3月20日至6月20日为休渔期，在冬季还实行轮换休港，以保护鱼类越冬。

鄱阳湖已知鸟类310种，其中典型的湿地鸟类159种。按居留型分，留鸟45种，冬候鸟155种，夏候鸟107种，迷鸟3种，有13种为世界濒危鸟类。

属国家保护动物的有54种，其中一级保护动物10种：白鹤、白头鹤、大鸨、东方白鹳、黑鹳、中华秋沙鸭、白肩雕、金雕、白尾海雕和遗鸥。

二级保护动物44种，如小天鹅、卷羽鹈鹕、白枕鹤、灰鹤、沙丘鹤、白额雁、白琵鹭等。

近年来，鄱阳湖又成为东方白鹳的重要栖息地，

迷鸟 指那些由于天气恶劣或者其他自然原因，偏离自身迁徙路线，出现在本不应该出现的区域的鸟类，往往以候鸟多见。这些鸟类之所以远离自己的分布区，可能是因狂风或其他气候条件造成的。

■ 鄱阳湖晚景

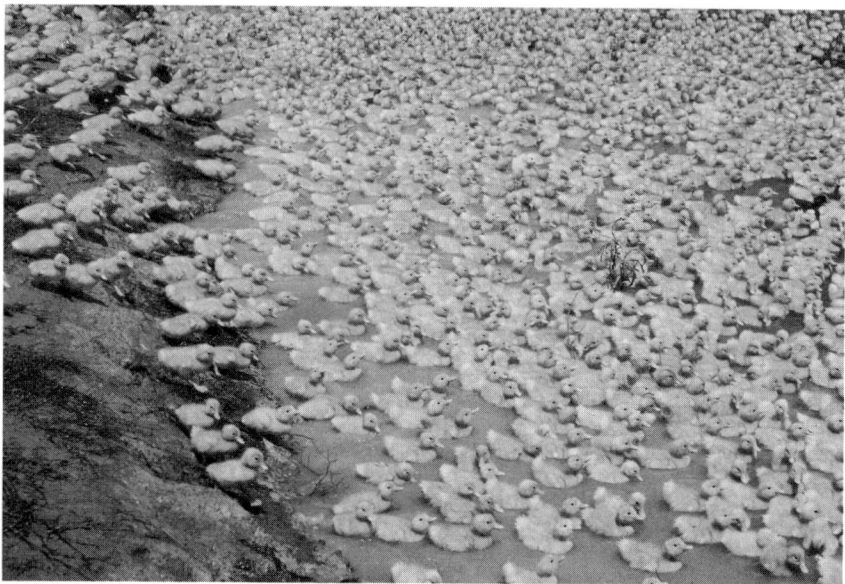
■ 鄱阳湖的野鸭群

地质蕴含之美与价值

白琵鹭 大型涉禽，白琵鹭体长为70厘米至95厘米。黑色的嘴长直而上下扁平，前端为黄色，并且扩大形成铲状或匙状，很像一把琵琶，十分有趣。主要繁殖于我国的新疆、黑龙江、吉林、辽宁、河北、山西、甘肃、西藏等北部地区。越冬于长江下游、江西、广东、福建和台湾等东南沿海及其邻近岛屿。

2800多只东方白鹳在鄱阳湖越冬，约占世界总数的80%。

总体而言，鄱阳湖的东部余干、波阳一带由过去以雁鸭类为主，扩展为鹤类、鹳类、小天鹅、白琵鹭以及雁鸭类等的较重要越冬栖息地。

鄱阳湖南部南矶山、南昌、新建和进贤一带由过去以小天鹅、雁鸭类为主，扩展为以保护区为中心的鹤类、鹳类、小天鹅、白琵鹭、猛禽和雁鸭类以及鸥类、鸻类等的重要栖息地。

鄱阳湖北部庐山区、湖口一带以雁鸭类、鹭类、鸬鹚等为主，都昌新妙湖、三山、泗山、朱袍山等岛屿一带由过去以雁鸭类为主，扩展为以白鹤、东方白鹳、小天鹅、雁鸭类、鹭类为主的较重要栖息地。

从鄱阳湖湿地系统的生态脆弱性方面来看，水文、土壤和气候形成了湿地生态系统环境的主要素，

■水天一色的鄱阳湖

进而影响生物群落结构，改变湿地生态系统。

鄱阳湖湿地还具有生产力高效性，湿地生态系统同其他任何生态系统相比，初级生产力较高。

鄱阳湖湿地的效益具有综合性，具有调蓄水源、调节气候、净化水质、保存物种、提供野生动物栖息地等基本生态效益,也具有为工农业、能源、医疗业等提供各种资源的经济效益。

阅读链接

鄱阳湖原叫彭蠡湖，相传在远古时期，江西这块地方并无大的湖泊，故每年不是大旱便是洪涝，民不聊生。

赣北有一位叫彭蠡的勇士，立志要开凿一个大的湖泊造福于民。谁知开挖时，却遇到一条千年成精的蜈蚣，因蜈蚣怕水，蜈蚣精想方设法进行阻挡。

彭蠡决心已定带领家人和乡邻继续开挖，直到他双手虎口被震裂，鲜血直流，彭蠡的善举感动了天上司晨的西星官，就派自己的两个儿子大鸡和小鸡下凡帮助彭蠡除妖。

战败的蜈蚣精化作了松门沙山，大鸡、小鸡担心这条蜈蚣精再祸及人间，便化作大矶山、小矶山，世代守着鄱阳湖，永保地方安宁。

后人为纪念彭蠡造湖有功，将该湖取名"彭蠡湖"。

被称为鹤乡的扎龙湿地

相传在远古时期，扎龙曾是一片盐碱地。方圆百里内只有一个小小的村落，散居着几十户人家。由于土地瘠薄，人们种不了庄稼，只能靠烧土碱艰难度日。

有一天，疾风顿起，乌云蔽空，石走沙飞。半个时辰过后，云散风定，天空骤晴，酷日如火，随着阵阵轰鸣，一个庞然怪物从天空中扎落下来。人们惊慌不已，纷纷关门闭户。

当时，有个徐姓的大胆壮汉提着木棍赶去察看，发现一条巨龙扎

扎龙湿地

■ 蓝天白云下的扎龙湿地

落在干涸的地上。

村里人闻讯，纷纷赶来围观，只见巨龙明目如珠，双角高矗，锋利的龙爪深深地抠进干裂的土中，龙身数十丈，粗如几人合抱不拢的老榆树，上面布满簸箕大的鳞片。那巨龙双目垂泪，挣扎着曲摆首尾，欲飞不能，仰天叹望九霄。

一位银发长者告诉大家，龙是水性天神，能为人间行雨造福，大家赶紧搭棚浇水，救它脱凡归天。于是，人们凑集了很多木杆和被褥，给巨龙搭了一个巨大的凉棚，还从远处担来清水浇在龙的身上。

可是由于天气燥热，巨龙身上的鳞片开始脱落。众人心急似火，纷纷流下了伤心的泪水。

后来，天上的百鸟仙子被人们的善良所感动，派丹顶鹤率领白鹤、白头鹤、白枕鹤、灰鹤、蓑羽鹤、大天鹅及众多仙鹤和小鸟飞到人间。它们展翅盘旋，

白头鹤 也称锅鹤、玄鹤、修女鹤，是广泛分布于欧亚大陆上数量较多、较常见的一种鹤。野生数量7000多只，是我国一类保护动物。它体形娇小，性情温雅，机警胆小，不易驯养。它除了额和两眼前方有较密集的黑色刚毛，从头到颈是雪白的柔毛外，其余部分体羽都是石板灰色。

■扎龙湿地中的湖泊

为巨龙遮日蔽荫，呼风唤雨。

不出几天，浓云压顶，电闪雷鸣，顷刻暴雨狂泻、洪水猛涨。巨龙得水后，一跃腾入高空，随后俯首下望，曲身拱爪向救它性命的人们点首三拜，人们欢呼跳跃着为巨龙送行。

巨龙飞走之后，奇迹出现了。人们发现巨龙飞起的地方，竟成了一个一眼望不到边的大泡子。泡中鱼虾丰盛，荷花、菱角花芳艳诱人，周围被龙尾扫过的地方还长出了茂密的芦苇。

从此，这里成为风调雨顺、地产丰富的宝地，丹顶鹤也留下定居了。人们为了纪念与神龙、天鸟的缘分，就把这里称为扎龙和鹤乡。

其实，"扎龙"为蒙古语，意为饲养牛羊的圈。扎龙湿地位于黑龙江省松嫩平原西部乌裕尔河下游，已无明显河道，与苇塘湖泊连成一体，然后流入龙虎泡、连环湖、南山湖，最后消失于杜蒙草原。

地质蕴含之美与价值

齐齐哈尔市区西南部，大庆市的林甸县和杜尔伯特蒙古族自治县沼泽芦苇丛，便是扎龙湿地。

区内湖泊星罗棋布，河道纵横，水质清纯、苇草肥美，沼泽湿地生态保持良好，被誉为鸟和水禽的"天然乐园"。

扎龙湿地是我国最大的鹤类等水禽为主体的珍稀鸟类和湿地生态类型的自然保护区，占地面积21万公顷，是我国北方同纬度地区保留最完善、最原始、最开阔的湿地生态系统。

这里完整保留下许多古老物种，是天然的物种库和基因库，是众多鸟类和珍稀水禽理想的栖息繁殖地和许多跨国飞行鸟类的重要"驿站"。辽阔的地域，原始的湿地景观，丰富的鸟类资源，距离城市较近的优势已为世人所瞩目。

扎龙自然保护区主要是保护湿地及国家级保护动物丹顶鹤等野生动物，是乌裕尔河下游失去河道，河水漫溢而成的一大片永久性弱碱性淡水沼泽区，由许多小型浅水湖泊和广阔的草甸、草原组成。

乌裕尔河 位于黑龙江省西部，为省内最大的内陆河。金代在乌裕尔河流域设置蒲峪路，称"蒲峪路河"。元代称"忽兰叶河"。《清一统志》称"呼雨哩""呼裕尔河"等，均为女真语"涝洼地"之意。乌裕尔河发源于小兴安岭西侧，是嫩江左岸的较大无尾河流，流域面积23110平方千米。

123

地球之肾

湿地特色

■ 扎龙湿地中湖泊与芦苇丛

芦苇 多年水生或湿生的高大禾草，生长在灌溉沟渠旁、河堤沼泽地等，世界各地均有生长，芦叶、芦花、芦茎、芦根、芦笋均可入药。芦苇的果实为颖果，披针形，顶端有宿存花柱。具长、粗壮的匍匐根状茎，以根茎繁殖为主，芦苇常会和寒芒搞混，区别是芦苇的茎是中空的，而寒芒不是，另外，寒芒到处可见，芦苇是择水而生。

■ 扎龙湿地湖水

沼泽地最大水深0.75米，湖泊最大水深达5米。该区生息繁衍着鱼类有46种，昆虫类达277种，鸟类260种，兽类21种。

每年四五月份200余只丹顶鹤及其他水禽来此处栖息繁衍，白鹤数量近千只，来此栖息逗留后继续北迁至俄罗斯境内，为迁徙性停息鸟。

芦苇沼泽和塔头苔草是丹顶鹤的主要栖息地。芦苇高达1米至3米，人类难以进入，为这些珍贵水禽的生存和繁衍创造了条件。据统计，野生经济鸟类每年繁殖的数量可以达到10万只以上。

扎龙湿地有乌裕尔河、双阳河、克钦湖、仙鹤湖、龙湖、南山湖等大多水面130公顷以上。湿地中各个弯弯曲曲的长短河道连通各个大大小小的湖泡，形成密如蛛网的水系，宛如九曲回肠的亮线串起一颗明珠，衬托上翠绿的植被，景色十分壮观。

夏季丰水期，河水出槽，湖泊外溢，可形成方圆数百千米的明镜水面。当荡起一叶小舟，轻摇双桨，清澈的湖水拖出了一个斑斓的水上世界。随着双桨的

■扎龙湿地的秋日风光

起浮，片片浮萍撩起点点玉珠，在阳光下放射出迷人的光彩,亭亭玉立的莲花像含羞的少女一样簇拥在身边。

扎龙湿地有绿草如茵的大草原和随风摇摆的芦苇荡,纵横交错的港汊河道把万顷芦苇荡点缀得生机盎然。

扎龙为我国建立的第一个水禽自然保护区，区内鸟类248种，主要保护的是鹤类，目前，世界分布15种鹤，在扎龙可见到的有丹顶鹤、白枕鹤、白鹤、白头鹤、蓑羽鹤、灰鹤6种，故有"鹤乡"之称。

■ 扎龙湿地中的丹顶鹤

地理恩赐

地质蕴含之美与价值

赤狐 又叫红狐、火狐等，细长的身体，尖尖的嘴巴，大大的耳朵，短小的四肢，身后还拖着一条长长的大尾巴。我国的道教出现衰败的迹象之后，所谓的"五大仙"开始被民间百姓供奉，其中就有狐仙，在我国北方有狐仙信仰，以乞求狐仙保佑食物年年不断。

其中4种为繁殖鸟，全世界现存丹顶鹤2000多只，扎龙就有400多只，占全世界丹顶鹤总数的17.3%。有国家一二级保护鸟类35种。一级有丹顶鹤、白枕鹤、白琵鹭等，沼泽边缘和临近的农田中常见有大鸨栖息。

除丰富的鸟资源外，扎龙湿地还有20种兽类，包括狼、赤狐、狍、獾和黄羊等；两栖类4种，有中国林蛙、黑斜线蛙、列斑雨蛙、花嘴蟾蜍；爬行动物有3种，包括蜥蜴、淡水龟等；水生鱼类40种，鲫鱼最为丰富。

当栖息在扎龙湿地的鸟飞起来时可谓是铺天盖地，苍鹭、草鹭在沼泽上伫立，远远望去像玉米茬子一样密密麻麻，雁鸭多得数不清，每年在这里繁殖的鸟类为数万只。

在这里，成千上万只的鸥、鹭等鸟类在天空中翱翔，成群结队的水禽在湖中嬉戏。清澈的溪流泛起团团银光，摇曳的芦缨、茂密的苇塘在微风中奏响大自然瑰丽的乐章。

在扎龙湿地可以领略到爱情专一的丹顶鹤独特的求爱方式，那"一鸣九皋，声闻于天"的男高音，表达了对心上人的执著追求，当原野上响起互诉柔肠百转的"男女声二重唱"时，那是它们为初恋成功而发自内心的喜悦。

等到一对喜结良缘的丹顶鹤在大自然的礼堂中举行婚礼舞会时，那轻快而优美的"双人舞"让人间最优秀的舞蹈家也为之逊色。

头顶红冠、修颈长腿、步履轻盈、优雅多姿的丹顶鹤在我国又被称为"仙鹤"，是吉祥、尊贵和长寿的象征。

丹顶鹤头顶呈红色，体长1.2米左右，为大型涉禽，数量稀少，是我国重点保护的野生动物，属国家一级保护鸟类。

据统计，全世界仅存有2000多只丹顶鹤，人工饲

涉禽 指那些适应在沼泽和水边生活的鸟类。它们的腿特别细长，颈和脚趾也较长，适于涉水行走，不适合游泳。休息时常一只脚站立，大部分是从水底、污泥中或地面获得食物。鹭类、鹳类、鹤类和鹬类等都属于涉禽类。

地球之肾

湿地特色

■ 扎龙湿地中的丹顶鹤

白鹤 大型涉禽，略小于丹顶鹤，全头前半部裸皮猩红色，嘴橘黄，腿粉红，除初级飞羽黑色外，全体洁白色，站立时其黑色初级飞羽不易看见，仅飞翔时黑色翅端明显。白鹤的寿命约50年至60年，在我国文化中是长寿的象征。迁徙时经由我国的东北，冬季有2000多只聚于鄱阳湖及长江流域的湖泊越冬。

养的有400多只，属于濒危物种。丹顶鹤主要栖息于沼泽地，以较高挺水植物为隐蔽条件。食物为种子、草根、昆虫及鱼虾贝类。

丹顶鹤在我国的主要繁殖地为东北地区，其中又以齐齐哈尔扎龙湿地为主要基地，越冬则集中在长江中下游地区的江苏盐城和江西鄱阳湖的两个自然保护区。丹顶鹤每年产卵一两枚，每年11月南迁越冬，来年3月又北上繁殖地。在扎龙保护区有野生丹顶鹤350多只，人工繁殖驯养的约有60只。

鹤是环境的"指示钟"，是考评环境质量好坏的重要标志。鹤类繁殖的首要条件是宁静和安全的湿地环境，湿地一旦被破坏消失后，鹤类的数量会迅速减少甚至绝迹，因而每块湿地都是该地区生态系统的晴雨表。

■扎龙湿地美景

一个国家健全的水域系统会使其所有邻国的生态系统受益，而不论这些湿地位于世界的哪一个国家。因此，保护湿地就是保护鹤类赖以生存的环境，保护世界生态平衡，更是保护了人类自身。

在人们的共同努力下，扎龙湿地的保护工作取得了显著的成效。丹顶鹤、白鹤、东方白鹳等珍稀水禽种群数量增

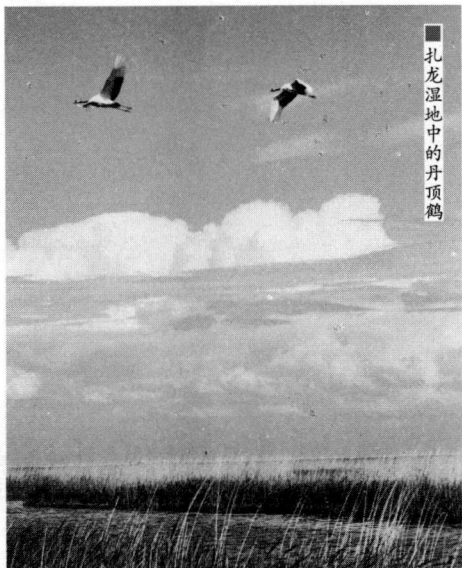
扎龙湿地中的丹顶鹤

加，全球濒危种类的野生丹顶鹤由建区时的150只增加到400余只，湿地内生物多样性丰富，野生动物种类繁多，是丹顶鹤、白鹤、东方白鹳等珍稀水禽的重要繁殖栖息地和迁徙停歇地。

阅读链接

有一个美丽的女孩叫徐秀娟，她的父亲是扎龙自然保护区的一位鹤类保护工程师。从小，徐秀娟就和丹顶鹤结下了深厚的友谊，尤其是名叫"赖毛子"的小鹤。

有一天，有个割芦苇的人突发盗猎之念，一把抓住靠近他的赖毛子，欲置它于死地。幸亏徐秀娟路经这里，与盗猎者展开了拼死搏斗，才拯救了赖毛子。从此，赖毛子对徐秀娟更亲热和依恋了。

徐秀娟长大后，致力于保护丹顶鹤的事业。一次，为了寻找两只贪玩的丹顶鹤，不小心滑入沼泽，再也没有上来。而在远方的赖毛子，从这天开始，就变得郁郁寡欢，总是一天到晚地朝着南方悲鸣，不久后，也无疾而终。

天然博物馆的向海湿地

听老人们讲，当年的玉皇大帝曾将一条违犯天条的黑龙贬下凡间，在黑龙江修炼，但黑龙顾念苍生，年年旱时降甘霖，涝时排涝引洪，使这里风调雨顺，五谷丰登。

特别是它经常化作一位黑面的书生，自称姓李，到民间访贫问苦，帮助乡亲们。人们都亲切地称呼它为"老李"。

后来，有一条白龙在向海一带作恶，糟蹋庄稼，为害乡邻。老李知道后，就专门从黑龙江赶来收服它，经过几场大战，终于赶跑了为

向海湿地

■ 暮色中的向海湿地

非作歹的白龙，但黑龙也受了重伤，尾巴被白龙咬掉，这就是"秃尾巴老李"的由来。

不过据说黑龙身受伤重，不能驾云回老家黑龙江了，于是就只好在向海当地养伤，后来就在黑龙养伤的地方出现一片沼泽，成为后来的向海湿地。

而向海则是因香海庙而得名的。历史上，香海一带是蒙古族王爷哈图可吐的领地，蒙古族多信仰藏传佛教。

1664年初，在山清水秀的香海湖西塔甸子，建起了一座青砖灰瓦的寺庙，初名为"青海庙"。

1784年，乾隆皇帝赐名为"福兴寺"，并亲笔以满、汉、蒙、藏4种文字书写匾额和碑文其文曰：

云飞鹤舞，绿野仙踪。
福兴圣地，瑞鼓祥钟。

在北京的雍和宫《福兴寺志》内还留有这段记录。当年福兴寺殿宇崇宏，善男信女络绎不绝，逢吉日更盛。

地球之肾

湿地特色

王爷 封建时代尊称有王爵封号的人。不一定是王公贵族出身，对国家和民族有贡献的平民有时也被授予此称号。起初，王爷就是一个爵位，"王"在秦朝以前是对诸侯和周天子的称呼，在秦始皇统一天下之后，王就成为了一个爵位。

雍和宫 原为明代内官监官房。1693年的清朝，成为皇四子胤禛的府邸。雍正胤禛驾崩后，乾隆将雍和宫改建为藏传喇嘛寺，是北京最大的藏传佛教寺院。从飞檐斗拱的东西牌坊到古色古香的东、西顺山楼，共占地面积66400平方米，有殿宇千余间。

■ 向海湿地的丹顶鹤

地理恩赐

地质蕴含之美与价值

班禅 是梵文"班智达"和藏文"禅波"的简称。西藏人一般相信班禅是"月巴墨佛"即阿弥陀佛的化身。而达赖喇嘛为观音菩萨的化身，蒙古可汗是金刚手菩萨的化身，清朝君主是文殊菩萨的化身。1713年清朝康熙帝封五世禅为"班禅额尔德尼""额尔德尼"是满语词，意为"珍宝"。并加封以前各世禅，从此这一活佛系统得此封号。

1928年，西藏活佛班禅大师曾专程来此传经说法，福兴寺内整日香烟缭绕，弥漫如海，故俗称香海庙。其所在地也被当地人称为香海，后来错传为向海，久而久之，就正式命名为向海了。

向海湿地位于吉林省白城地区通榆县西北面，向海水库的南面，科尔沁草原的东部边陲，面积为10.7万公顷，是国家级的自然保护区。

向海湿地是以我国西部草原原始特色的沼泽、鸟兽、黄榆、苇荡、杏树林和捕鱼等自然景观为主的区域，素有"东有长白、西有向海"的美誉。

区内为典型的草原湿地地貌，三条大河霍林河、额木太河、洮儿河横贯其中，两个大型和上百个小型的自然泡沼星罗棋布。

蜿蜒起伏的沙丘，波光潋滟的湖泊，千姿百态的蒙古黄榆，绿浪韶滚的蒲草苇荡，牛羊亲吻着草地，鱼虾漫游于池塘，渔翁、牧童、炊烟、农舍等一起构成了一组秀丽的田园诗，一幅淡雅的风俗画。

区内自然资源丰富，有200余种草本植物和20多种林木。有鱼20多种、鸟类173种、鹤类6种，其中鹤类占全世界现有鹤的40%。

珍稀禽类有丹顶鹤、白枕鹤、白头鹤、灰鹤、白鹤、天鹅、金雕等，在当地远近闻名。

这里还是各种走兽出没的天然动物园，在草地中、树林里生活着狍子、山兔、黄羊、狐狸、灰狼、黄鼠狼、艾虎等30余种大大小小的动物。

借用唐代诗人刘禹锡的"晴空一鹤排云上，便引诗情到碧霄"的诗句，来描述被称为丹顶鹤故乡的向海的瑰丽景观是再恰当不过了。

向海保留了完好的自然景观、原始的生态环境和多样性的湿地生物，不仅是我国的一块宝地，也是世界的一块宝地。

刘禹锡 （772—842），字梦得，我国唐朝彭城人，祖籍洛阳，唐朝文学家，哲学家，自称是汉中山靖王后裔，曾任监察御史，是唐代中晚期著名诗人，有"诗豪"之称。他在政治上主张革新，是王叔文派政治革新活动的中心人物之一。

■ 丹顶鹤在湿地上空飞翔

向海湿地具有极高的科研价值。向海自然保护区被列入拉姆萨尔公约《世界重要湿地名录》，并被世界野生生物基金会评为"具有国际意义的A级自然保护区"，每年吸引大批专家学者来此考察、观光，进行学术交流。

国内的鸟类学者和鸟类爱好者，每年也都来此开展科学研究，观看各种水禽和欣赏湿地风光。向海，已成为我国东北地区重要的生物多样性保护地和科研教学基地之一。

除了鼎鼎大名的丹顶鹤，全世界15种鹤类中，向海就有6种，远近闻名。各种珍稀鸟类共173种，《濒危野生动植物种国际贸易公约》中的鸟类向海有49种。

另外，这里各种兽类、鱼类、野生植物种类繁多，是急需保护的珍贵的天然博物馆。

向海也是个令人情牵梦萦的地方。关于向海的动人传说多如天上的繁星。神奇的是，据说每一个来过这里的人都会经历一次传奇的体

■ 向海湿地金色的草丛

■ 向海湿地丹顶鹤
的雏鸟

验，留下一段动人的故事，成为他们毕生难以忘怀的情结。

　　向海是内蒙古高原和东北平原的过渡地带，地势由西向东微微倾斜，海拔在156米至192米之间，垄状沙丘与垄间洼地交错相间排列，向西北、东南方向延伸，从而形成了沙丘榆林、茫茫草原、蒲草苇荡、湖泊水域的自然景色，孕育了种类极其丰富、起源原始古老的生物资源。

　　向海湿地还有许多著名的景点，如鹤岛就是其中的一个。鹤岛三面环水，一面临山，植被多样，灌木葱茏，环岛水域内，蒲草苇荡高可过人，茂密连片，最值得一看的当然还要数人工驯化成功的半散养的丹顶鹤。

　　博物馆是向海自然保护区的微观缩影，体现了向

蒲草 广泛生长在我国的一种野生蔬菜，其假茎白嫩部分和地下葡萄茎尖端的幼嫩部分可以食用，味道清爽可口。老熟的葡萄茎和短缩茎可以煮食或作饲料；雄花花粉俗称"蒲黄"，具有药用和滋补功能。蒲草是重要的造纸和人造棉的原料，还可以用来编织蒲席、坐垫等生活用品。

■向海湿地中的草丛与树林

海湿地特性，尤其各种动物栩栩如生。一幅幅白鹳筑巢，鹤翔雁舞，仙鹤育雏等真实照片，会把人带入神奇的动物世界当中。

　　蒙古黄榆林是亚洲最大的蒙古黄榆林区域，面积约为50平方千米。蒙古黄榆树是亚洲稀有树种，属于榆科、榆属，是天然次生林，是干旱地区沙丘岗地上特有的树种。

阅读链接

　　关于蒙古黄榆林有个传说，说是原来的白城兴隆山常年有沙暴，导致这里不能畜牧，也不能耕种，人们生活苦不堪言。

　　后来一位仙人途经此处，看到百姓困苦，心中不忍，遂将手中的龙头拐杖扔下云头，沙丘之上便多了方圆百里的蒙古黄榆林，风沙也随之驯服，烟消云散了。

　　虽然传说当不得真，但这蒙古黄榆林却真真切切地矗立在县城一旁。站在赏榆亭上观景，能将黄榆林尽收眼底。

　　黄榆在夏天也不是绿色，放眼望去是一片枯黄之色，犹如深秋来临。它们的姿态各异，有的像古藤盘柱，有的如游龙过江，有的若霸王挥鞭，有的似八仙过海。让人惊奇的是，黄榆在如此恶劣的环境中，并没有攀援成林，而是一棵棵屹立在那里，守护着脚下的黄沙。